中華美食故事系列

歷代名人請上菜

管家琪／文
尤淑瑜／圖

21位歷史人物的飲食故事
21種思考與創見
23道中華美食典故

自序

豐富有趣的美食故事

管家琪

這是一套什麼樣的書？

首先，這當然不是一套食譜，不是要教大家怎麼做菜。是從文化的角度來談中華美食。

「食」，當然是一種文化，而且是文化中很重要的一部分。

小到以家庭為單位，每個家庭都有自己的飲食文化。比方說，我是一直到國一在同學家吃飯時，才從同學家的餐桌上認識洋蔥，還記得當時我一問「請問這是什麼？」的時候，大家都一臉驚訝的看著我，好像我是一個外星人，因為我媽媽不愛吃洋蔥，我們家的餐桌上從來就沒見過洋蔥；又如，我的爸爸是法官，最喜歡在吃飯的時候順便「開庭」，教訓一下小孩，每每舉證確鑿，讓犯人無可抵賴，只得乖乖低著頭猛扒飯，把那些教訓一起吞下肚；國中時期我念的是女校，我的便當盒全班最大，總有同學驚嘆「哇！比我哥哥（或弟弟）的便當還要大！」，這是因為媽媽沿襲外公外婆的習慣，從來不留剩飯剩菜，我們家的冰箱只要到了晚上，打開一看裡頭幾乎都是空的，只有冰開水；既然晚餐一定要全部清空，在大家下桌以後，剩下的一點剩飯剩菜肯定都會被媽媽掃進我們的便當裡……

就像媽媽不留剩飯剩菜的習慣是來自於外公外婆一樣，我自然也有一些在「食」這方面源自母親的習慣。比方說，我不怎麼吃零食，只吃正餐，頂多偶爾跟朋友們喝下午茶時會吃塊蛋糕之類，但我理解吃零食是一種生活樂趣，大多數的小孩都愛吃零食，所以在我當了媽媽以後，在兩個孩子還小時，我有一條家規，就是每天都要等到晚餐過後才能吃零食，因為「要好好吃正餐，不能用零食來代替正餐，身體才健康」的觀念在我的腦海裡根深蒂固，小時候媽媽幾乎不讓我們吃零食，我則是做了一點點調整……

現在，我的小孩長大了，我從他們的生活，也看到一些他們在「食」這個部分來自於我的影響，而他們也有自己的調整……

所謂的文化，就是這麼一代一代傳承下來的。每個家庭都有自己的家風、自己的生活習慣，其中當然就包括飲食習慣，而大至一個民族，關於「食」當然有很多有趣、有意思的部分。尤其是中華文化上下五千年，光是「食」的部分就有太多太多的文化知識，很多都離不開歷史，因此從這套書裡，你會讀到很多歷史人物和故事。

這套書一共五本，從文化的角度，把關於中華美食方方面面的文化知識，做了一番梳理和介紹，有關中華美食的基本常識、傳統節慶飲食、名人與飲食文化、酒的故事、茶的故事、蔬果的故事，以及語文中的飲食文化等等，還有一百道中華美食的典故（穿插在每一本書裡，數量不一）。

我想強調的是，這套書始終是圍繞著文化、故事的角度，所以你可能會覺得奇怪，為什麼有很多知名美食，譬如「糖醋排骨」、「魚香肉絲」、「八寶飯」等等，在「美食典故小學堂」裡卻看不到，這是因為實在找不到什麼相關的、或是可寫的（不會少兒不宜）的典故。還有一些菜餚雖然本身有故事，可是不符合現代保育觀念，而且現在也幾乎絕跡（譬如廣東菜裡曾經有過的「龍虎鬥」，是吃蛇和貓），我們也就不收錄進來了。

目次

歷代名人請上菜

美食典故小學堂

歷代名人請上菜

中國歷史人物的飲食之道

治大國若烹小鮮——伊尹

「治大國若烹小鮮」語出《道德經》，這是春秋末期思想家老子（西元前571～前471年）的著作。

「治大國若烹小鮮」，這句話的意涵相當豐富。比方說，治理大國就像料理一條小魚，不要把小魚多加翻動，否則小魚易爛，給人的觀感不佳，這是提醒當政者不要窮折騰，過於頻繁的下達政令只會讓老百姓無所適從，「無為」的做法往往更利於老百姓（以老子為代表人物的道家崇尚無為而治）。

又如，治理大國要拿出就像是在烹調小魚一樣的費心，不僅要掌握火候，還要精準的把握對於油鹽醬醋等調味料的拿捏，要恰到好處。

兩千多年以來，「治大國若烹小鮮」這句話經常被中國歷代為政者所引用，然而事實上，這並不是老子的創見，這句話其實可以追溯到夏末商初、比老子生活的時代還要再早一千年的伊尹（約西元前1649～前1549年）。對於老子來說，伊尹是一個古人，老子從伊尹身上學習是很自然的事。

伊尹是夏朝的名相，曾經說過要像「以鼎調羹」、「調和五味」一樣來治理天下。伊尹把治理國家和烹飪兩件事聯繫在一起，一般認為這就是「治大國若烹小鮮」之說的源頭。

伊尹是廚師出身，和烹飪頗有淵源，無怪乎能有如此生動鮮活的比喻。成長於有莘國的伊尹是如何為商湯效力，成為宰相的呢？在歷史上有兩種不同的說法。

第一個說法是，伊尹既是貴族的廚師，又是貴族子弟的老師，聲名遠播，商湯為了想要網羅伊尹，特意迎娶有莘王的女兒為妃，讓伊尹以陪嫁奴隸的身分來到商國。在這個版本裡，伊尹是被動來到商湯的身邊。

第二個說法則剛好相反，指出伊尹是因獲悉商湯是一位仁君，想要輔佐商湯，所以自願屈尊當成陪嫁的一員，主動來到商國，可是到了商國以後，伊尹很快就被派到御膳房工作，根本接觸不到商湯。為了引起商湯注意，伊尹便想出一個主意，故意把菜做得忽鹹忽淡。結果，商湯果真是一位仁君，沒有因為菜太難吃就氣得把廚師給殺了，反而是把廚師叫來，殷殷詢問這是怎麼回事？為什麼最近的菜都做得這麼奇怪？伊尹就把握機會，趁機大談治國之道，大意是說，施政這個事就像烹飪的時候該如何掌握調味料一樣，一定要恰到好處。聽了伊尹的高見，商湯大為折服，伊尹就這樣步上從政之路。

後來滅夏戰爭的策劃、準備與實施，以及建立商朝，伊尹都有著不可磨滅的功勞。

伊尹在擔任宰相期間，在各方面都頗有建樹，使得商朝初年經濟繁榮，政治清

明。伊尹從政長達五十幾年，從成湯開始，一共輔佐了五代君主，為商朝的強盛產生了非常關鍵性的作用。

在伊尹所輔佐的五任國君當中，商湯的孫子太甲最讓伊尹頭痛。太甲狂妄自大，剛愎自用。為了要好好的教育太甲，伊尹把太甲放逐到一個叫做桐宮的地方（這是成湯的墓地），讓太甲去面對祖先誠懇反省，然後不斷的「函授」，遠程教學，派人不斷把自己所寫的「教材」送去讓太甲研讀，苦口婆心的教導太甲該如何做一個好的國君。

經過一段時日，太甲果然深刻認識到自己的錯誤，決定要痛改前非，伊尹得知，馬上就高高興興的把太甲迎回國都，讓太甲重登王位。太甲再度登基之後，表現果然比以前好很多。

此外，也有一些古代學者推斷「治大國若烹小鮮」這句話並不完全，似乎是在長時間流傳的過程中，丟了一個「者」字。比老子要晚兩百多年、戰國末年著名的學者韓非子（約西元前280～前233年），在著作中引用這句話時就說，「治大國者若烹小鮮」，後來歷代不少學者也都贊同這樣的看法，認為多一個「者」字是強調了為政者，在語意上更加精準。

食不厭精——孔子

《論語・鄉黨》是《論語》中的一篇，一共二十七章，裡頭記載了很多關於孔子對於衣食住行各方面的看法，不僅能從生活層面更生動的展現孔子的言行，而且只要考慮到時代背景，就能益發感受到孔子思想的高度。

比方說，孔子所生活的春秋時代是中華飲食文化的奠基期，因此無論是食品結構、飲食習慣以及烹調工具和方法，都還是處於一個比較粗糙的階段，可是孔子卻提出「食不厭精，膾不厭細」的看法，在當時確實是一項創見。

「厭」是滿足，「膾」是指細切的肉，「食不厭精，膾不厭細」就字面上的意思是，在做米麵食品的時候，不管是用舂或是磨，都要愈精細愈好，而做魚肉菜餚在處理肉的部分要切得愈細愈好；整合起來就是強調在料理食物的時候，要精製細做。

其實在「食不厭精，膾不厭細」之前，還有一句話，那就是「齋必變食，居必遷坐」，意思是說，在齋戒的時候一定要改變平常的飲食，就連居住的地方也要調整，要暫時搬到別的地方去，這是為了表示態度要隆重。不過，隨著時代的腳步，「齋必變食，居必遷坐」這句話已經比較少被提起了，可是「食不厭精，膾不厭細」倒還經常可以見得到，把這句話或是只有「食不厭精」四個字寫在匾額上，掛在餐廳裡，也是常見的做法。

儘管孔子當年提出這個看法是基於「禮」和「仁」的思想，認為用於祭祀的飲食應該挑選上好的食材，在製作過程中也應該盡可能的精細。但就算是忽略祭祀活動這樣的因素，光是從烹飪的角度，這句話似乎也很適用於現代社會，簡單來講，就是要講究刀工、講究精緻、講究用心。

關於飲食，孔子還有許多看法，擱在今天似乎也依然適用，並不過時，比方說：

・食饐而潔

「饐」，是（食物）腐敗發臭的意思，「食饐而潔」是說食材要特別潔淨。（衛生條件是最基本的要求。）

・魚餒而肉敗不食

「餒」，我們通常見到的可能是「氣餒」這個詞，「餒」在這裡是喪失勇氣的意思，但什麼叫做「魚餒」呢？當然不會是魚喪失勇氣，而是說魚肉腐爛；「敗」有毀壞之意；「魚餒而肉敗不食」，就是說魚和肉都腐敗了，都不能吃。（當然不能吃，吃了會拉肚子！）

‧**色惡不食，惡臭不食**

食物的色澤不對，氣味有問題，都不能吃。（這應該算是提升至食品安全的層次了。）

‧**失飪不食**

「飪」就是烹飪，什麼叫做「失飪」呢？是指「生熟失宜」，該煮熟的沒煮熟，或者不該煮得那麼熟的又過熟。（煮得過熟可能只是口感不佳，如果沒煮熟可就糟糕了，肉類、貝類如果沒煮熟還很危險，會引起食物中毒。）

‧**肉雖多，不使勝食氣**

就算看到肉類較多（我們不妨引申理解成即使看到美食較多），

也不應進食過量。（那些喜歡吃Buffet的人，甚至因為晚餐要吃Buffet、中餐就開始不吃，打算晚上要真真正正「吃到飽」的人要注意了！這可是會造成腸胃很大的負擔，划不來的。）

・唯酒無量，不及亂

酒可以隨便喝，但是不能喝醉。（沒錯！醉酒不僅傷身，也很傷形象！）

以上這些告誡，不僅僅是關於烹飪，也包含了食品衛生、飲食禮儀等層面。而關於飲食禮儀，在孔子所說過的話當中，最有名的應該就是「食不言，寢不語」了，這句話的意思是說，當嘴裡正在嚼著東西的時候不要說話，到了該睡覺的時候就按時睡覺。

從禮儀的角度來看，「食不言」真的很有必要，否則不僅咬字不清，一不小心萬一在邊吃邊說的時候，嘴裡的食物碎末噴了出來，那可真是太難看啦。

此外，歷史悠久、講究做工精緻的「孔府菜」，就是標榜「食不厭精，膾不厭細」的精神所發展出來的，成為中華美食與傳統文化的完美結合。

民以食為天——司馬遷

「天」是比喻我們賴以生存最重要的東西，要不然怎麼會有「天大的事」這樣的說法呢？所以，「民以食為天」，就是說，人民以糧食為自己生活之所繫。

這是當然的！如果連飯都沒得吃，眼看就要活活餓死，那其他不管什麼根本都談不上了。

這句話最初是出自西漢偉大史學家司馬遷（生於西元前145年，卒年不可考）的《史記．酈生陸賈列傳》，當時司馬遷是這麼寫的：「王者以民人為天，而民人以食為天。」

三百多年以後，三國時期蜀漢及西晉著名史學家陳壽（西元233～297年），在《三國志》裡則是寫做「國以民為本，民以食為天」，意思與司馬遷所寫的那一句是一樣的，都是說國家把人民看做根本，人民把糧食當做生命，言下之意就是，統治者應該重視解決人民所需的糧食。

後來陳壽「國以民為本，民以食為天」這樣的說法，似乎比司馬遷的「王者以民人為天，而民人以食為天」，要更常被引用。

回到司馬遷所寫的「酈生陸賈列傳」，其實這是三個人的合傳，分別是酈食其（西元前268～前203年）、陸賈（約西元前240～前170年）和朱建（生年不詳，卒於西元前177年），這三個人可以說是生活在相同的時代，都是從戰國下半葉至西漢，而且他們的共同點都是能言善道，大有縱橫家的色彩。

縱橫家，是「謀聖」鬼谷子（約西元前400～約前270年）創立的學術流派，在戰國時期以從事政治外交活動為主，可以說是在春秋戰國時期特定的國際形勢之下的產物，在漢朝建立一統帝國之後，就很難有發揮的餘地了。

在司馬遷的筆下，「王者以民人為天，而民人以食為天」這句話是跟酈食其有關。

酈食其家境不佳，但他從年少時就很喜歡讀書，長大以後擔任陳留門吏，陳留就是今天河南省開封縣陳留鎮。

西元前二〇九年秋天，當陳勝、吳廣、項梁（三人生年均不詳，但均卒於西元208年）等人相繼起兵反秦的時候，酈食其已經五十九歲，馬上隱匿不出，靜觀時局的發展，直到劉邦（西元前256～前195年）攻打陳留，酈食其看準劉邦是一個人物，立刻率眾跟隨，並獻計攻克陳留郡，使劉邦獲得大批軍糧，深獲劉邦賞識，被封為廣野君。

後來，酈食其以自己的三寸不爛之舌，四處奔走，積極遊說各個反秦勢力，為劉邦做了不少貢獻，比方說，他會出面勸降秦國守將，輔佐劉邦攻城掠地，協助劉邦率先攻破秦都咸陽（今天的陝西省咸陽市，東鄰陝西省會西安），秦朝宣告滅亡。

緊接著，在楚漢相爭時期，酈食其最大的功績就是建議劉邦奪取滎陽，占據敖倉，使劉邦的漢軍因此奪取了有利的據點和糧食補給，為日後形勢逆轉、打敗強敵楚軍領袖項羽（西元前232～前202年），奠定了基礎。

滎陽地處黃河中下游的分界點，今天隸屬於河南省省會鄭州市。關於「敖倉」，我們需要解釋一下。在今天河南滎陽東北有一座敖山，位於黃河和濟水的分流處，秦朝時在此設置糧倉，中原的糧食都是從這裡輸往關中和北部地區，後來大家就把糧倉泛稱為敖倉。

在秦朝末年，敖倉是關東最大的一個糧倉。本來，在遭到項羽猛烈的攻擊之下，劉邦一度計劃要往後撤，把成皋以東讓給項羽，成皋在今天河南滎陽市區西北二十公里處，如果真的這麼做，敖倉無疑就會被項羽給拿去。劉邦問酈食其的意見，酈食其大力阻止，表示「王者以民人為天，而民人以食為天」，直言怎

麼可以把這麼重要的糧倉拱手讓給敵人呢！這對戰局是非常不利的！

劉邦想想，覺得很有道理，於是就打消了後撤的念頭。

日後歷史證明，酈食其這番建議非常英明。

不過，酈食其後來的下場很慘。西元二〇三年，此時已是楚漢相爭的尾聲，漢軍這裡的大將軍韓信（約西元前231～前196年）率軍攻打齊國，齊王得到消息，非常震怒，因為這個時候齊國其實已經差不多就要投降了，正是酈食其勸降的；酈食其在前一年就奉命出使齊國來勸降，此時人還在齊國，都還沒離開呢。

所以，齊王見韓信來打，非常生氣，心想，我都要投降了，你居然還來打，真是豈有此理，同時也對酈食其非常不滿，以為受到了酈食其的欺騙，一怒之下，就把酈食其給烹殺了，就是說丟進鍋裡給煮了。

事實上，在得知齊國即將歸順劉邦的消息時，已在路上的韓信原本是不想打了，是後來才突然改變了主意，一來是在部下的慫恿之下，認為不打就顯不出韓信的功勞，二來是對於酈食其僅憑一張嘴就可拿下齊國，韓信也頗不服氣，因此才把心一橫，管你投不投降，反正我照打不誤！

酈食其就這麼嗚呼哀哉的送了命，享年六十五歲。後來劉邦大概是覺得酈食其死得冤枉，就破例封他的兒子為侯。

食色性也——告子

「食色性也」這句話，由於是出自《孟子》，因此長久以來很多人都誤以為是孟子（約西元前372～前289年）說的，其實不是，是一位告子說的。

準確的說，這句話是出自《孟子．告子上》，據說是有一回孟子和告子這兩位哲學家，在進行一場關於人性的討論時，告子所說出來的話。

講到這裡，我們得先簡單介紹一下，關於人性，在中華文化中最具代表性的有兩種看法，一個是孟子的「性善論」，另一個是荀子

（約西元前313～前238年）的「性惡論」。孟子和荀子都是戰國時代重要的思想家。

「性善論」是孟子主要的哲學思想，是孟子談人生和政治的理論根據，可以說是他思想體系裡的一個中心環節，與後來荀子的「性惡論」剛好是一個相對的概念。

人性究竟是善是惡？認定了人性的善或是惡以後，我們又該怎麼辦？近代思想家梁啟超（西元1873～1929年）有一個非常精采的總結，他認為孟子的「性善論」強調了教育的可能性，荀子的「性惡論」則強調了教育的必要性；由於人性本善，只要加以教育，就可望顯著提升一個人的德行修養，反過來說，正因為人性本惡，所以非常需要靠著教育來達到教化的目的，讓人能夠明辨是非。

講到這裡，我們不要忽略了時間。荀子是生活在戰國末期，比孟子要晚了超過半個世紀。也就是說，在孟子提出「性善論」之後過了幾十年，荀子因為不能贊同，所以才提出了「性惡論」。

其實，不贊同「性善論」的不止荀子，還有一位告子。據說由於告子對孟子所提出的「性善論」不以為然，遂特意找上門去跟孟子辯論（大有武俠小說裡上門「踢館」的意味），就是在這樣的辯論中，告子提出自己對人性的看法，那就是「食色性也」，還用「水無分於東西」來比喻，意思是說，就像水是不會分什麼東西一樣，關於人性其實也不分什麼善或不善，他主張人本來就是會有一些類似於動物的本能，這都是很自然、很正常的，有些本能甚至是人類維持生命、或者說繁衍生命之所需。

關於孟子與告子的交鋒，為什麼我們前面用「據說」呢？因為這位告子頗為神祕。由於告子並沒有著作流傳，因此有人認為很可能在歷史上根本就沒有這麼一個人，但與此同時還是有不少人都相信應該是確有其人，而且應該也是一位哲學家，只是生卒年不詳。

如果認定告子是確有其人，關於他所生活的年代以及他的身分，又有不同的說法。

版本之一，說告子是孟子的學生，若果真如此，那麼告子便也和孟子一樣，是生活在戰國中期。戰國時代是在西元前四七五～前二二一年。

版本之二，說告子是墨子的學生。墨子是戰國時期著名的思想家，墨家學派的創始人，雖然也是生卒年不詳，但一般都認定他所生活的年代是春秋末期、戰國初期，這一點是沒有疑義的。春秋時代是西元前七七〇～前四七六年。在戰國時代開始之後大約一百年，孟子出生，所以，如果告子是墨子的學生，那就變成很可能是孟子讀到告子關於人性沒有什麼善不善的論調之後，不能贊同，於是提出「性善論」。

告子是墨子學生的可能性似乎比較大，因為相關的記載比較多。從這些記載看來，告子善於言談，也有是非觀念，但是頗有些言行不一致，為了這個緣故，墨子的其他學生對這位同學很不以為然，有的還希望老師墨子能把告子開除，但是墨子說，告子也不是一無是處，還是留下了他。

墨子也知道告子的毛病。一回，告子自信滿滿的對墨子說，自己有做官的能力，墨子就說，治理政務的人，一定要言行一致，不能說一套、做一套，你是很會說，卻不見得真的會那麼做，這就是你的矛盾之處，你還是先把這個矛盾克服，加強自己的行動力，先把自己管好再去管別人吧！

「四大美人」與美食文化——

西施舌、貴妃雞、昭君鴨、貂蟬豆腐

有一句成語，「秀色可餐」，原來是形容婦女美貌，但是隨著時代的進步，大概是感到這樣是把女性物化，對女性很不尊重，所以後來這個成語也會被用來形容景色秀麗，只不過這樣的用法遠不如原始的用法普遍。

把女性物化（就是說把女性視為一種物品）確實很讓人反感，不過，女性意識畢竟是近代的產物，古代還沒有這樣的概念，因此中國傳統的四大美人都慘遭這樣的物化，沒有一位逃過，因為古人可不覺得這是什麼物化女性，還覺得這是一種很大的讚美哩！於是乎居然還有不同地方的美食爭相要與美人掛鉤，這也就不足為奇了。

在四大美人當中，貂蟬是屬於文學人物（是《三國演義》中的人物），西施的生卒年不詳，只有生活在西漢的王昭君（約西元前54～前19年），和生活在唐朝的楊貴妃（西元719～756年）有確切的生卒年。

我們不妨就來看看有哪些美食與這四大美人扯上關係。

先看位居四大美人之首的西施吧。在西施故里（浙江諸暨）有一種點心，叫做「西施舌」，用糯米包著一種特殊的餡，這個餡是由棗泥、核桃肉、青梅等十幾種果料所拌成，放在舌形模具中壓制成型，然後用湯煮或是油煎；但還有另外一個菜餚（不限定是在什麼地區），是以海鮮貝類為主所做成的湯，也叫作「西施舌」。

又如，上海和陝西西安都有一道名菜，叫做「貴妃雞」，不過，上海的「貴妃雞」是用肥嫩的母雞做為主要食材，西安的「貴妃雞」則其實是一種餃子，以雞胸肉、蘑菇、蔥末和料為餡，包的時候很講究，要包得很飽滿，上桌之後吃起來的口感是皮薄餡嫩，鮮美不膩。

與王昭君有關的著名美食至少也有兩種，其中之一與王昭君的飲食習

慣有一點兒關係；傳說出生在楚地的王昭君（她是南郡秭歸人，今天湖北省宜昌市興山縣）在出塞以後，因為吃不慣麵食，廚師就別出心裁將粉條和油麵筋放在一起，用鴨湯來煮，王昭君果然胃口大開。後來這道美食傳到民間，就被稱為「昭君鴨」。

在西北地區還有一種

美食，叫做「昭君皮子」，就是老百姓在夏天時特別喜歡吃的釀皮子。

「釀皮子」是陝西小吃，是一種獨特的麵食，既可以做為主食，也可以當做零食。做法是這樣的，將麵粉分離成澱粉和麵筋，以澱粉製成麵條，麵筋切成薄片，然後搭配著吃，重點是要輔以麻辣調料，吃起來酸辣爽口。

最後，我們來看看與貂蟬有關的美食。

或許因為貂蟬這個人物是虛構的，沒辦法從她的經歷（譬如「昭君出塞」），或是人物的具體形象（譬如「貴妃雞」似乎是想讓人聯想到書上所說「體態豐豔」的楊貴妃）來聯想，與貂蟬有關的美食是從《三國演義》的故事來發揮的。

比方說，「泥鰍鑽豆腐」，又名「貂蟬豆腐」，在這道美食裡，主要的食材是泥鰍和豆腐，創意在於泥鰍被熱湯一煮，很自然的就鑽進了冷豆腐裡，泥鰍以為躲進豆腐裡就安全了，實際上只要一下鍋當然還是必死無疑。這也比喻董卓（生年不詳，卒於西元192年）這個大壞蛋中了司徒王允（西元137～192年）的連環計，被貂蟬給迷住了之後，接下來必然就是死路一條。

與貂蟬不同，王允和董卓都是真實的歷史人物。王允是東漢末年的宰相，他最大的成就就是策劃除掉了董卓。另外一道民間小吃「貂蟬湯圓」也與他有關。傳說王允請人在湯圓裡加料（不是下毒，而是加進生薑和辣椒），然後送給董卓吃，董卓吃了這種看起來像貂蟬一樣潔白誘人，口感卻相當麻辣的湯圓以後，立刻就大汗淋漓，頭腦不清，然後就被義子呂布（生年不詳，卒於西元199年）給殺了。

呂布本是董卓手下的一名猛將，王允設下連環計，貂蟬又把這個連環計實施得非常完美，她真可說是中國古代一個美麗的女間諜！然後王允就這樣藉著呂布，除掉了董卓。在歷史上，確實是王允密謀殺死董卓，然後與呂布短暫的聯合執政。元末明初小說家羅貫中（約西元1330～約1400年）在《三國演義》中把這段故事演繹得非常精彩。

魚腸劍的故事——歐冶子

「魚腸劍」，聽起來就是一個好武俠的名字。這是一把古代的名劍，是「十大名劍」之一，非常小巧，小到可以藏身於魚腹之中，算是一把迷你的匕首，因此又稱為「魚藏劍」，其實「腸」跟「藏」這兩個字的讀音根本不同啊。

有的記載把魚腸劍說得更神，說它的劍身細長柔韌，能夠沿著魚的嘴巴插進魚腹，進去之後還能在魚的腸胃中曲折彎轉，根本就沒有一把劍的樣子了，可厲害的是，只要一抽出來，立刻就會恢復劍的原形，而且鋼韌無比。

這麼厲害的一把劍，據說是春秋末期戰國初期一位鑄劍大師的傑作，這位大師名叫歐冶子（約西元前560～前510年），他是中國古代鑄劍的鼻祖，開創了中國冷兵器的先河。

歐冶子在少年時代從舅舅那裡學會了冶金技術，開始鑄青銅劍以及鐵鋤、鐵斧之類的農業生產工具。他身體強健，刻苦耐勞，又很喜歡動腦筋。後來他發現了銅和鐵不同的特質，冶鑄出第一把鐵劍，取名為「龍淵」，後來改名為「龍泉劍」。

歐冶子是越國人。「龍淵」是歐冶子應邀赴楚，為楚王所鑄的劍，在此之前歐冶子為越王允常（生年不詳，卒於西元前497年）鑄了五把寶劍，每一把寶劍都有名字，「魚腸劍」就是其中之一。

這位越王允常也很值得說一下，「越王」這個稱號是從他才開始的。他在即位以後，非常重視生產技術，大力發展農業、陶瓷業、紡織業、造船業、編織業等等，尤其注重冶煉業，命歐冶子鑄劍，得到「魚腸劍」等五把青銅寶劍。

正是因為在冶煉業取得了很不錯的成績，從此越國才國力大增，遂開始向外擴張。允常是越國霸業的開創者和奠基者。他的兒子就是勾踐（約西元前520～前465年），是春秋時期最後一位霸主。

讓我們再回到「魚腸劍」。據說有一位善於相劍的高人，名叫薛燭，曾經針對這把寶劍做過評論。這位薛燭，歷史記載只說他是春秋時期薛國人，善相劍，曾經南遊越國，在越王勾踐的面前評論過幾把寶劍。薛燭對於「魚腸劍」的看法滿嚇人的，說它「逆理不順，不可服也，臣以殺君，子以殺父」，意思就是說，這把寶劍生來逆理悖序，就是用來弒君弒父的。

後來在越國進獻寶物給吳國時，「魚腸劍」就這樣來到了吳國，而且相傳到了公子光的手上。公子光就是日後的吳王闔閭（西元前547～前496年）。

傳說公子光把「魚腸劍」交給專諸，專諸後來就用這把劍刺殺了吳王僚（生年不詳，卒於西元前515年）。

專諸是屠戶出身，長得「目深口大，虎背熊腰，英武有力」，是一個孝子，同時也是一個義士。「魚腸劍」號稱「勇絕之劍」，據說只要使用它的刺客，能夠抱定必死的決心，有一種「既然來了就沒打算要活著回去」的氣概，「魚腸劍」就可以發揮最大的威力。專諸要幫公子光去行刺吳王，在決定要這麼做的時候，想必確實就已經明白不管行刺是否成功，自己都不可能活著回去。

結果，他的行動成功了，吳王果真死在這一把迷你匕首上，但專諸當然也被吳王的侍衛當場給殺了。

專諸被稱為中國古代「四大刺客」之一。這「四大刺客」中有一位就是大名鼎鼎的荊軻（生年不詳，卒於西元前227年），荊軻要行刺的是秦王嬴政，就是日後的秦始皇（西元前259～前210年），荊軻是把匕首藏在一個地圖捲軸裡，然後趁著為秦王慢慢攤開地圖的時候行刺，地圖的盡頭赫然就是一把匕首，這就是成語「圖窮匕見」的典故，「窮」是「盡」的意思，可是荊軻失敗了。

那麼，專諸是怎麼行刺吳王僚的呢？據說是把「魚腸劍」暗中藏在魚腹裡，然後趁著把魚端上桌的那個瞬間，火速把劍抽出來。或許是因為在關於「專諸刺吳王」的故事裡，幾乎都沒有提到當時專諸端上來的是什麼魚，也或許是因為後人想要使這個「把匕首藏在魚腹裡」的設定顯得更為合理，於是有人說這就是「松鼠桂魚」的由來，因為按「松鼠桂魚」的做法，魚的身體部位被弄得很誇張，空間看起來也比較大，感覺應該是可以放得進一把小刀。

此外，關於「魚腸劍」這個名字的典故，還有一種很單純的說法，說只不過是著眼於寶劍身上的紋路曲折婉轉，凹凸不平，類似烤魚的外觀，所以才會取這樣的名字。據說有的寶劍的紋路則會讓人聯想到高山、流水、龜紋、花紋等等，所以，當初薛燭說這把寶劍「逆理不順」，或許也只是因為「魚腸劍」的紋路比較特別吧。

曹操、楊修的雞肋事件

「一代梟雄」曹操（西元155～220年），是東漢末年傑出的政治家、軍事家、文學家、書法家，也是稍後三國時代曹魏政權的奠基者。楊修比曹操小二十歲（西元175～219年），是東漢末年著名的文學家，為人恭敬，學問淵博，極為聰慧，據說是「最懂曹操、但也最為曹操所忌憚的謀士」。

建安十八年（西元213年），曹操獲封魏公，建立魏公國，定都河北鄴城（今天的鄴城遺址部分在河北省，部分在河南省），後進爵魏王。西元二二〇年，曹操過世之後（享年六十五歲），時年三十三歲的嫡長子曹丕（西元187～226年）篡漢稱帝，定都洛陽（今河南洛陽），國號魏，史稱曹魏，這一年被後世標誌為三國時代的開始。不過，楊修沒來得及看到這一刻，因為在前一年，他就已經因「雞肋事件」被曹操給處死了，享年四十四歲。

「雞肋事件」，簡單來講是這樣的，這年，曹操駐軍漢中，想要打劉備（西元161～223年），可是並不順利，但如果撤軍好像又不合適，面對如此進退兩難的局面，曹操的心裡不免有些焦躁。

一天，曹操剛剛用餐完畢，有士兵前來詢問進出時的口令要定為什麼。為了防止被奸細混進來，進出軍營的口令要經常更換。這時，曹操看著桌上的雞骨頭，隨口說「就雞肋吧」。當口令傳下去之後不久，有將領發現竟然有不少士兵忙著在收拾東西，一副準備回家的態勢，大吃一驚，立刻就把這些士兵抓起來，準備以「擾亂軍心」為由給殺掉，這些士兵就拚命喊冤，都急著解釋這是楊主簿說的，是楊主簿說大王一定很快就要撤退了！

「楊主簿」就是楊修，「主簿」是一個文官，負責掌管文書。

曹操確實有在考慮是否要撤軍，但是還沒拿定主意，楊修是怎麼洞悉曹操的想法呢？就是因為曹操說了「雞肋」一詞，因為雞肋實在沒什麼好啃好吃的，可是「食之無味，棄之可惜」，所以楊修判斷曹操此時無計可

施，一定很快就會宣布撤軍。

曹操被楊修看穿了心思，大怒，馬上就厲聲指責楊修「蠱惑人心」，然後把他給殺了。

殺了楊修之後，曹操只得硬著頭皮繼續進攻，結果大敗，還被敵人射中了門牙。據說曹操長嘆了一聲：「唉，還是楊修懂我啊！」然後命人把楊修的屍體撿回來厚葬。

這當然不會是曹操第一次被楊修看穿了心思，之前還發生過好幾次。譬如，有一次，曹操在一戶人家的大門上寫了一個「活」字，大家都不明白是什麼意思，只有楊修一看就知道，曹操認為這扇大門做得太寬太大了，因為在「門」這個部首裡頭加進一個「活」字，不就是「闊」這個字了嗎？

還有一次，曹操吃了一個酥餅，覺得味道不錯，便在盒子上寫了一個「合」字，楊修一看，笑了一下，伸手抓起一個酥餅就塞進嘴巴裡，在場的人見狀都嚇了一大跳，什麼！居然敢吃大王的東西！還吃得這麼明目張膽、毫不顧忌，甚至彷彿是理所當然，真是太不像話了！楊修就笑咪咪的解釋，放心吧，是大王讓我們吃的，每個人都吃，你們看，「合」這個字拆開來，不就是上面一個「人」，再寫一個「一」，最後再寫一個「口」嗎？「人一口」，當然就是要我們每個人都吃一口啊！

後來事實證明，楊修說的沒錯，大家都很佩服楊修，而曹操呢？雖然表面帶著笑意，沒說什麼，但據說心裡可是憤怒得很。

也不知道是不是因為大家對楊修誇獎得多了，讓他有些得意忘形，因此讓曹操動了殺機，最後終於因為「雞肋事件」殺了楊修。

可以說，楊修似乎太過聰明外露了，想想有哪一個老闆當自己的心思被部屬摸得一清二楚的時候，會很高興的呢？
後來，「雞肋事件」就成了一個歇後語：
曹操吃雞肋——食之無味，棄之可惜。

憑空「變」出白米的檀道濟

檀道濟是誰？他的出生年不詳，卒於西元四三六年，是東晉末年名將，南朝宋的開國元勛。

西元四二〇年東晉滅亡以後，中國歷史就進入一段長達一百六十九年的大分裂時期，被稱為南北朝時期（西元420～589年），是南朝和北朝的統稱。

南朝是繼東晉之後，由漢族在南方陸續建立起來的朝廷，一共有四朝，第一個是宋，開國皇帝是劉裕（西元363～422年），所以一般稱之為「劉宋」。檀道濟就是劉裕手下的大將。他出身寒門，父母雙亡，先參加東晉名將謝玄（西元前343～388年）所創建的北府兵，後來轉投於劉裕部下，在劉裕即位為宋武帝以後，被封為護軍將軍等職。

宋武帝過世後，檀道濟繼續馳騁疆場，先後被封為征北大將軍、征南大將軍等，頗受朝廷倚重。

有一次，檀道濟率軍轉戰於黃河流域，與魏軍作戰，在攻打歷城（位於今天的山東）時碰到了困難，先是苦戰了三天三夜，攻不下來，接著又發生了意外，導致補給出了差錯，糧食接濟不上。本來「兵馬未動，糧草先行」（其實原文是「兵馬不動，糧草先行」），兩軍在交戰之前，應該先及時做好補給，這是基本要求，現在竟然補給不上，眼看士兵們就要開始挨餓，這可是一個非常嚴重的大問題，檀道濟只得放棄拿下歷城的計畫，準備撤退。

能夠在糧食即將告罄的嚴峻情勢之下，硬是把部隊帶了回來，使宋軍的損失降到最低的程度，很多人都說這已經是一大勝利。從此，檀道濟聲名遠播，大家都讚美他真的是足智多謀。

後來，檀道濟還將自己多年來四處征戰的心得、尤其是自己所採用過的一些計策寫了下來。

現在，只要一提到《三十六計》，都會說這是指中國古代三十六個兵法策略，包括調虎離山、擒賊擒王、金蟬脫殼、渾水摸魚、聲東擊西等等，源於南北朝，有的書上還會很明確的說是源自檀道濟，不過需要注意的是，我們所看到的《三十六計》這本書，實際上是在明清時候才成書，和檀道濟所生活的時代至少相差了近千年，作者不詳，並不是出自檀道濟之手。

不過，雖然檀道濟不是《三十六計》的作者，但應該還是為這本書提供了一些構想和營養，所以關於《三十六計》的資料才會都說是「源自南朝檀道濟」。

武則天的養生湯

武則天（西元624～705年），是中國歷史上唯一一位女皇帝，即位時六十七歲，是歷史上即位時年齡最大的一位皇帝，也是歷史上壽命最長的皇帝之一（終年時是八十二歲）。

據說在她晚年，曾經有一段時間老是咳嗽，御醫建議不妨採取食療。「食療」又稱「食治」，就是說在中醫理論的指導之下，利用食物的特性來調節病人的身體功能，使病人獲得健康或是達到預防疾病的目的。

御醫的意見，是要女皇多吃「蟲草老鴨湯」。後來武則天按照醫囑，不久果然止咳康復，只不過在這整個食療的過程中，御醫點菜很簡單，要料理這道菜可不簡單，御膳房差一點就有廚師為此丟了性命。

問題的癥結出在那個「蟲草」上。「蟲草」是什麼？就是「冬蟲夏草」。這種東西很特別，很多人都搞不清楚它究竟算是動物、還是植物？其實它是一種真菌，靠著寄生在鱗翅目蝙蝠蛾科的幼蟲身體中成長，在冬天的時候，幼蟲躲在土壤中，冬蟲夏草菌就侵入幼蟲體內生長，然後分解幼蟲體內的物質，並生長菌絲體，使得幼蟲只剩下外皮。到了夏天，菌絲體又從「蟲」的頭部長出來（簡直像是「異形」），所以很多人都說「冬蟲夏草」在冬天是蟲，在夏天是草，總之是非常稀有，而且或許就是因為它稀有，長久以來很多人都相信這種大自然神奇的產物深具療效，是一種難得的藥材。

不過，從以上這些描述就不難想像，「冬蟲夏草」的模樣不會太好看。當「蟲草老鴨湯」送到武則天面前時，武則天一看到湯裡那些黑乎乎的、看起來有一點像蟲子但又說不準是不是蟲子的東西，吃了一驚，非常疑惑，這是什麼東西？能吃嗎？不會是有毒吧？

結果，女皇不肯吃也就罷了，做這道菜的御廚還因有謀害女皇之嫌被打入大牢，真是冤枉！

可是，御醫交代女皇就是得吃「蟲草老鴨湯」，咳嗽才會好，怎麼辦呢？

第二個御廚只好再接再勵，繼續努力。

為了讓女皇接受食療，又不會被「冬蟲夏草」嚇到，這個御廚想到了一個辦法，乾脆用全鴨來燉湯，把那據說很有療效、但賣相不佳的「冬蟲夏草」從鴨子的嘴裡塞進去，這樣燉好的湯，端上桌以後，湯裡看不到讓女皇倒胃口、甚至因而卻步的「冬蟲夏草」，可實際上「冬蟲夏草」的效用卻更為澈底，能夠從鴨頭一直貫穿整個鴨身。同時，因為是用燉的，花的時間多，鴨肉又軟又嫩，湯味也非常鮮美。

這回，這樣的嘗試果然奏效。女皇吃了「蟲草老鴨湯」，很是滿意，不僅直誇好吃，吃過之後，咳嗽也被順利止住了。

女皇心情大好，這時才有人敢跟她解釋「冬蟲夏草」這種特別的藥材，不用說，前面那個倒楣的御廚也就被放出來了。

據說，後來「蟲草老鴨湯」不僅成為宮中一道重要的藥膳（所謂「藥膳」，就是說藥材與食材兩相配合的美食），還從皇宮走入民間，成為很多大戶人家的食療聖品。

「曾經治好了女皇的咳嗽」，這個口碑可不得了，只不過因為「冬蟲夏草」的價格相當高昂，一般小老百姓自然是吃不起的。

此外，武則天雖然向來注重食補、注重飲食養生，倒也不是總是非要吃價格不菲的食材不可。有一年秋天，有一個農夫種出一個特大號的蘿蔔，被地方官以「蘿蔔王」之名進獻給女皇，武則天收到之後也很歡喜，馬上就命御廚拿去料理。

蘿蔔本是一種很普通的食材，要如何料理才能顯出幾分特別呢？後來，御廚是先展示了高超的刀功，把蘿蔔切絲，切得很細，再配以山珍或是海味，製成羹湯，武則天吃了非常滿意。

愛吃荔枝的楊貴妃

一騎紅塵妃子笑，無人知是荔枝來。

一騎馳來，沙塵滾滾，妃子見了開心的一笑，沒人知道這是南方送新鮮的荔枝來了。

「騎」在這裡是一人一馬的意思，指的是皇家快遞，專程為楊貴妃把新鮮的荔枝火速送到。

這是唐朝詩人杜牧（西元803～約852年）的名句。這麼一來，全天下都知道楊貴妃喜歡吃荔枝了。

貴妃愛吃荔枝這個事不止入詩，在正史中也有記載。比方說，「楊貴妃生於蜀，好食荔枝」，這個說法似乎是說楊貴妃從小就愛吃荔枝；另外還有紀錄說貴妃不僅愛吃荔枝，還「必欲生致之，乃置騎傳送，走數千里，味未變已至京師」，「必欲生致之」說明了貴妃要吃新鮮的荔枝，為了滿足貴妃這個要求，遂「置騎傳送」，標準的公器私用，因為荔枝不易保鮮，遂讓原本應該是送公文、甚至應該是上戰場殺

敵之類的士兵，現在都一路快馬加鞭，而且是像接力賽跑一樣，在每個驛站換人換馬之後繼續跑，總算能在最短的時間之內把新鮮的荔枝為貴妃及時送到。（不過，在封建時代這似乎也是很正常的事。）

唐朝的京城在長安（今天陝西省省會西安，不過當年長安的規模比今天的西安還要大得多），想想看，路程「長達數千里」，這些荔枝是從哪裡送來的呢？這個問題自古以來莫衷一是，有好幾種答案。

有一個普遍的說法，認為是來自嶺南。唐朝的嶺南，相當於今天的廣東、廣西、海南全境，以及湖南、江西等省部分地區。正是因為有楊貴妃所吃的荔枝是來自嶺南的說法，所以廣東有一個很好的荔枝品種，就叫做「妃子笑」。

從廣東到西安，這可真夠遠的。今天如果從廣東省省會廣州開車到西安，全程走高速公路都要將近兩千公里哪！

第二個觀點，認為這些荔枝是來自巴蜀（就是今天的四川）。由於一千多年以來氣候的變遷，今天四川產荔枝的地方不多，但是唐朝的巴蜀卻很多地方都產荔枝，以涪洲最為有名，涪洲有一個荔枝特供地點，就叫做「妃子園」。有記載說，「以驛騎傳遞，自涪洲至長安有便路，不七日可到」，就是說從涪洲至長安有快捷道路，不到七天就可以送到。

第三個觀點，認為楊貴妃所吃的荔枝是來自福州。

第四個觀點，則是認為提供給楊貴妃的荔枝，不止一處，嶺南、巴蜀、福州等地都有。這個觀點應該是很符合真實的情況。

楊貴妃為什麼這麼愛吃荔枝呢？當然，我們一般人也總有特別愛吃的東西，也說不上來有什麼特別的原因，但是除了天生偏好這一點之外，還有人說楊貴妃之所以特別愛吃荔枝，是因為荔枝與其他水果相較有獨特的優點，那就是營養和糖分都很高，既可以排毒養顏，又容易發胖。

也許你會覺得奇怪，容易發胖怎麼算是優點呢？這是因為唐朝的審美觀點偏偏正是以豐滿為美啊！大概很多現代女性都恨不得自己生在唐朝吧！這樣就再也不會為了減肥老減不下來、搞不好還愈減愈肥而煩惱了。楊貴妃不僅豐滿，皮膚也超好的，按書上的形容是「凝脂胭華」，意思是說「連身上的脂肪都開始凝集，像胭脂一樣散發著華麗的色彩」，可見她的皮膚真是好得驚人，不是那種難看的肥肉。很多人都相信，就是因為楊貴妃愛吃荔枝，藉著荔枝裡大量的維生素來促進新陳代謝和循環，達到防止出現雀斑或暗瘡的出現，進而讓皮膚光滑無比。

不過，民間長久以來也都有「一顆荔枝三把火」的說法，就是說荔枝的果皮、核和果肉都容易讓人上火。「上火」俗稱「熱氣」，是中醫的說法，表現症狀就是口腔潰爛、牙齦出血腫脹、便祕等等，所以荔枝是不適合多吃的，要不就是在吃之前記得要先做一點處理，譬如把荔枝剝皮去核，放進淡鹽水裡浸泡，泡一會兒以後再吃。現代人還可以直接把荔枝先放進冰箱裡冷藏一下再吃，不僅可以去火，冰冰涼涼的荔枝還更好吃。

想要靠荔枝養顏增肥，可是又要避免因為吃多了而上火，楊貴妃一定也花了不少心思，據說她在民間收集了很多方法，這些都被記載在書裡，包括吸花露。

花露要怎麼吸呢？據說楊貴妃會在凌晨來到御花園，然後靠著花樹，再「以手舉枝，口吸花露，藉其露液潤於肺也」。

關於楊貴妃愛吃荔枝還有一點一定要提的是，為貴妃快遞荔枝成了唐朝政治腐敗的象徵。後來在天寶十五年（西元755年）「安史之亂」爆發的時候，唐玄宗李隆基（西元685～762年）帶著楊貴妃倉皇出逃，流亡蜀中，途經馬嵬驛時（今陝西省興平市西），在禁軍士兵一致強烈的要求下，唐玄宗迫不得已忍痛將楊貴妃賜死。楊貴妃死的時候是三十七歲。

「安史之亂」持續了近八年，是唐朝由盛而衰的關鍵。很多人都說為什麼唐軍會打得那麼吃力，就是因為很多戰馬之前在為貴妃送荔枝的時候，都已經活活累死了。

飯後一百步，活到九十九——孫思邈

「飯後散散步，有益健康」，這已經是一個深入人心的觀念，還有更精確的一種說法是「飯後一百步，活到九十九」，如果你知道提出這個「飯後散步」觀念的孫思邈有多長壽，你就會知道只要養成「飯後散步」這個好習慣，「活到九十九」簡直算是一個起碼的標準！

孫思邈是唐朝的醫藥學家，被後人尊為「藥王」，他的生卒年有爭議，一般的記載都說，他生於西元五四一年，卒於西元六八二年，按這樣的記載，他就是活了一百四十一歲！還有的記載說他活了一百六十五歲！或是一百六十八歲！

「飯後一百步，活到九十九」這句話其實並不是孫思邈的原話，據說是在孫思邈九十九歲的時候，對大家提出「食飽行百步」的養生建議，說吃飽了以後最好走個一百步，這樣對健康比較好，結果就有人根據「一百」和「九十九」這兩個數字，做了聯繫和發揮，這就是「飯後一百步，活到九十九」的由來，由於清晰好記又朗朗上口，於是就這麼流傳了下來。

孫思邈是京兆華原（今陝西省銅川市耀州區）人，出生於一個貧窮的農家，當時是南北朝末年。他從小就聰明過人，七歲的時候就已經認識一千多字，每天都能背誦上千字的文章，被地方官稱為「聖童」。由於幼年時患過病，使他很早就對醫學之書特別感興趣，年紀稍長，對於研讀老莊學說也投入過不少心力。

孫思邈大約在十八歲便立志從醫，二十歲便開始為鄰里治病。從南北朝到隋朝、再到唐朝，由於孫思邈醫術高超，其實一直有做官的機會，但孫思邈一直無意於此，只對為人治病以及著書立說有興趣。

經過多年來的努力，孫思邈寫了一部《千金要方》。取這個書名，孫思邈是有用意的；他認為生命的價值貴於千金，一個正確的處方就能救人一命，所以叫做《千金要方》，簡稱《千金方》。

這套書一共三十卷，是一套綜合性的臨床醫書，被譽為是中國最早的臨床百科全書，可以說是唐朝以前診治經驗之大成，對於後世醫家的影響極大。按記載，這套書大約是西元六五二年成書，這年孫思邈應該是一百一十一歲。

《千金要方》有多重深遠的意義，比方說，孫思邈很重視婦幼保健，把三卷「婦人方」和兩卷「少小嬰孺方」放在最前面，在他的帶動和影響之下，後世醫學工作者也開始普遍重視研究婦科和兒科的疾病。

又如，孫思邈說「存不忘亡，安不忘危」，非常重視疾病預防，因此也頗注重食療和養生。看他本身如此健康長壽，講養生想必是很有說服力的，更何況他在兩卷「食治養生」中提出的很多看法，時隔一千三百多年，今天看來還是頗具參考價值，包括應該「飲食有節」（飲食要有節制）；「每學淡食」（飲食清淡一點會比較健康）；「忌飽食既臥」（不要一吃飽就躺下來）；「不得夜食」，因為「夜食即臥易於成積聚」（不要吃宵夜，尤其是不要一吃完就睡，那樣不容易消化，特別容易發胖）；「飲酒不欲使多，多則速吐之為佳，勿令至醉」（喝酒不要過量，如果喝多了最好趕快吐掉，不要喝醉）等等，此外，孫思邈也呼籲大家要講究個人衛生。

正是因為孫思邈非常重視養生，所以看起來總是比他實際年齡要年輕得多。據說在唐太宗李世民（西元598～649年）即位後不久，曾經召孫思邈進京，算算年紀孫思邈當時應該八十歲左右，按書上記載，孫思邈的音容相貌乃至身形步態，都如同少年一般，令唐太宗非常驚嘆。

《千金要方》還不是孫思邈的閉門之作，在《千金要方》成書的七年後（西元659年），孫思邈曾經接受朝廷的邀請，與官方合作完成了世界上第一部國家藥典《唐新本草》。這是在唐高宗李治（西元628～683年）在位時期。

在明代醫藥學家李時珍（西元1518～1593年）的《本草綱目》完成之前，《唐新本草》一直是中國藥學方面的權威之一，達將近一千年之久。

長壽的孫思邈，一生都非常努力，貢獻良多。他在生前留下遺囑，交代家人要薄葬，也就是希望喪事從簡的意思，如何從簡呢？他特別提到了兩點，祭祀時不要宰殺牲畜，也不要焚燒那些紙紮的供死者在陰間使用的器物。

看來這位生活在唐朝的醫藥學家，不僅仁心仁術，還頗有科學的觀念，一點兒也不迷信呢。

王羲之與鵝

從明清到民國的瓷器和繪畫作品中，如果想要表現文人高士的風雅，很多人都會選擇以「四愛」做為主題。所謂「四愛」，是指歷史上四個文人著名的愛好。

陶淵明（西元352或365～427年）**愛菊**。陶淵明做過一些小官，始終不適應官場，最後一次出仕只做了八十幾天，因為妹妹過世，他寫了〈歸去來兮辭〉之後，便辭了官，正式開始他的歸隱生活，直到生命終結，隱居時間超過了二十年。

生活在晉宋之際的陶淵明是中國第一位田園詩人，也是一位隱士，而菊花大多生長在比較偏僻的地方，向來又被認為具有清寒傲雪的品格，再加上陶淵明寫過「採菊東籬下，悠然見南山」這樣的名句，陶淵明愛菊就變得很有名了。

周敦頤（西元1017～1073年）**愛蓮**。周敦頤是北宋理學家，他寫了一篇散文〈愛蓮說〉，裡頭說明了自己愛蓮的諸多理由，是因為蓮花「出汙泥而不染，濯清漣而不妖」（從汙泥中長出來，卻不沾染汙穢，在清水裡洗滌過但是不顯得妖媚），而且蓮花「中通外直，不蔓不枝，香遠益清，亭亭淨植，可遠觀而不可褻玩焉」（它的莖中間貫通，外形挺直，不生枝蔓，不長枝節，香氣遠播，更加清香，筆直、潔淨的站在那裡，可以遠遠的觀賞，但不能靠近去玩弄它）。

林逋（西元967～1028年）**愛鶴**（其實他也愛梅）。林逋也是生活在北宋，比周敦頤要早半個世紀，是一位著名的隱逸詩人。在中國

愛吃粥的陸游

陸游（西元1125～1210年），是南宋著名的文學家。

陸游出生在兩宋之交，北宋滅亡的那一年，他才兩歲，後來成長在偏安的南宋。他出身於名門望族，從小聰慧過人，十二歲就能為詩作文，同時也從少年時代開始就在家庭裡深受愛國思想的薰陶。

他做過官，但仕途不順。事實上當時南宋朝廷是投降派當道，像陸游這樣的主戰派，仕途都不會好的。民族的矛盾、國家的不幸，再加上報國無門的無奈，使他的作品經常洋溢著濃濃的愛國熱情，被譽為「愛國詩人」。臨終之際，陸游還心心念念著北伐未竟，留下一首絕筆詩：

死去元知萬事空，
但悲不見九州同。
王師北定中原日，
家祭無忘告乃翁。

意思是說，雖然我知道當我死後，人間的一切就都跟我沒有關係了，可唯一讓我痛心的就是沒能親眼看到祖國的統一，因此，當我們大宋軍隊收復中原失地那一天到來的時候，你們一定要舉行家祭，把這個好消息告訴你們在地下的父親！

陸游一生以詩的成就最大。他非常勤奮，是一位少見的多產作家，自言「六十年間萬首詩」，就是說在六十年之間寫了一萬首詩，存世的有九千三百多首。在這麼多的詩作中，有一首〈食粥〉，算是一首輕鬆的小品。

世人個個學長年，
不悟長年在目前。
我得宛丘平易法，
只將食粥致神仙。

這裡有幾個地方需要解釋一下，

「長年」，就是長壽的意思；「平易法」，是指平和簡易的辦法；「宛丘」是指宋代詩人張耒（西元1054～1114年）。

張耒是「蘇門四學士」之一，「蘇門四學士」這個說法是北宋全方位的超級大才子蘇軾（西元1037～1101年）說的，蘇軾用這個說法把他四位得意門生相提並論（後來又另有「蘇門六學士」之說）。

張耒所生活的年代要比陸游早了七十年以上，曾經寫過一篇文章，說「食粥可以延年益壽」。

現在我們再回頭來看陸游所寫的〈食粥〉，大意是說，大家都希望能找到延年益壽的好辦法，卻沒想到這個辦法遠在天邊、近在眼前，我很贊同張耒所建議的辦法，真的是簡單易行，人人都可以做到，那就是多吃粥，吃粥的好處很多，吃多了自然就容易長壽。

這首〈食粥〉，是陸游在七十四歲的時候所寫的。有道是「人生七十古來稀」，在古代能夠活到七十歲就都已經算是長壽了，所以當陸游在寫〈食粥〉的時候，想必底氣還是很足的。

除了〈食粥〉，陸游還寫過其他相關的詩文，告訴大家多吃粥的好處。或許也算是一種回答吧，畢竟健康長壽之人，總會經常被很多人好奇的詢問養生祕訣，陸游鼓勵大家多吃粥，其實就是大方的把自己長壽的祕訣公諸於世。

他尤其建議那些上了年紀的老人家，如果能夠多喝粥，對健康會有諸多益處。其實想想老人家吃粥應該也很符合現實需求，因為老年人不是普遍牙都不太好了嗎？還有不少老年人的消化系統也大大不如從前，在這樣的情況下，多吃粥自然是十分合適的。

據說在陸游的餐桌上經常可以見到各式各樣的粥，譬如米粥、麵粥、豆粥、麥粥、果粥、乳粥、菜粥、肉粥、魚粥、穀物粥等等。也許你會好奇，這麼多的口味，陸游最喜歡哪一種口味的粥呢？

有人說，是枸杞粥。長久以來枸杞雖然是一種植物，但經常被視為藥材，在中藥裡叫做「枸杞子」，很多人都相信枸杞子有「滋補肝腎，益精明目」的功效，甚至還將枸杞子稱之為「四季養生的不老丹」。據說在陸游晚年，由於身體漸漸虛弱，眼力也退步許多，有人就建議陸游不妨在粥裡多加一些枸杞，陸游也就從善如流。

不管怎麼說，陸游確實長壽，在寫了那首〈食粥〉之後又活了十一個年頭。如果不是在西元一二〇七年，得知北伐澈底宣告失敗，讓陸游非常傷心和憤慨，兩年後竟憂憤成疾，並且在入冬之後很快就病情加重，終於一病不起，也許陸游還可以再多活好幾年哪。

愛吃蟹的李漁

李漁（西元1611～1680年），是明末清初著名的文學家和戲劇家，明朝滅亡那一年（西元1644年），他三十三歲。

他是浙江金華府蘭溪縣夏李村人，村裡四五百戶人家全部都姓李。李漁家世貧寒，父親常年在南直隸雉皋（今江蘇省南通市如皋）做藥材生意，很少回家，母親在村裡給人做幫工。

李漁出生的過程有點兒玄。據說當時母親懷他已超過十一個月，這實在是太不尋常了，一般都是懷胎十月。不止如此，這年農曆八月，眼看寶寶即將出世，但母親的肚子痛了三天三夜，硬是生不下來。到了農曆八月初七這一天，有一個白髮老翁偶然經過當地，看到產婦這麼痛苦，很是同情，繞著屋子轉了一圈，告訴產婦身邊的人說，因為胎兒是星宿下凡，但產婦所住的這個小祠堂按風水上說「地盤太輕」，難怪載不住星宿，所以才會難產，後來大家在老翁的建議之下，趕緊把產婦抬到村裡的總祠堂裡，不久孩子果然就順利出生了。

由於老翁說這個新生兒不是凡胎，是「仙之侶，天之徒」，於是孩子就被取名為仙侶，字謫凡，號天徒。「李漁」是他自己人到中年以後才改的名字。

不用說，幾代貧寒的李家，從此就把希望全部都寄託在這個孩子身上。

在李漁出生後不久，父親為了要協助親友照看生意，便舉家遷到南直隸雉臯。後來李漁就是在這裡長大的。

李漁自幼聰穎，據說還在嬰幼兒時期就已經會認字，《四書》、《五經》過目不忘，到了八至十四歲的時候便已經能賦詩作文，下筆千言。李漁顯然很清楚家人對自己的期望，也頗有志氣，每年都在自家後院的梧桐樹上刻上一首詩，提醒自己要好好努力，不要浪費光陰。

在十九歲那年，一方面由於父親過世，李漁打算扶柩回鄉，另一方面也因為要參加科舉考試，所以必須回到原籍浙江，於是李漁就這樣回到了故鄉蘭溪縣夏李村。

過了幾年，二十四歲的李漁去金華參加童子試，非常順利，本以為下次應試可以更上一層樓，不料，在四年後，二十八歲的李漁信心滿滿的赴省城杭州參加鄉試，卻名落孫山，給了他很大的打擊。

更鬱悶的是，當他在三年後（崇禎十五年，西元1642年），重整旗鼓再次赴杭州應試時，卻突然沒法去考；由於局勢動盪，整個國家都風雨飄搖，李漁在途中不得已只得忍痛放棄了科舉考試，返回老家。後來才知道這是大明王朝最後一次科舉考試，因為兩年之後明朝就亡了。

清朝之後，李漁就再也無意仕途，開始從事著述以及指導戲劇演出。四十一歲以後，他先搬到杭州，之後又搬到金陵（今天的江蘇省省會南京），還開設「芥子園書鋪」，編刻圖書。所以當後世說起李漁時，除了稱他是文學家、戲劇家、戲劇理論家、美學家之外，都還會稱他是一位頗有成就的出版家，這在歷代文人中算是比較少見的。

李漁被譽為「中國戲劇理論始祖」，代表作是《閒情偶寄》。非常特別的是，《閒情偶寄》一共五百多萬字，內容非常廣泛和豐富，其實並不僅限於戲劇理論，還有關於飲食、養生、營造、園藝等多方面的內容，顯示出李漁實在是一個很講生活情趣的人。

在飲食方面，李漁把自己的飲食原則概括為二十四個字，那就是：「重蔬食，崇儉約，尚真味，主清淡，忌油膩，講潔美，慎殺生，求食益」。李漁享年六十九歲，在那個時候也算是高壽了，跟他這些相當健康的飲食觀念應該也有些關係。

李漁特別喜歡吃蟹，喜歡到什麼地步呢？每年在蟹還未上市、還不到季節的時候，他就已經開始積極存錢，準備等到蟹一上市就要大買特買。李漁還很幽默的表示，這是他的「買命錢」，因為他就是這麼的「嗜蟹如命」。

每年好不容易一盼到螃蟹上市，他家有四十幾個大缸很快就都裝滿了螃蟹，而且還會不時就用雞蛋白餵養催肥，有的還會用紹興酒來醃製做成醉蟹，留到冬天再吃。

很多人都好奇的問過李漁每年到底要在吃蟹這個事情上花多少錢，李漁都只回答，只要看看我家屋後那些蟹殼就知道啦。想必是堆積如山吧。不過，他也解釋，買的螃蟹雖然不少，但家裡人這麼多，還要招待客人，其實真正進了他肚子裡的螃蟹也並沒有多少。

曹雪芹的「芹菜療法」

《紅樓夢》雖然只是一本書，卻因規模宏大、內容極其豐富且包羅萬象，而形成一門獨立的學問（「紅學」），可以從金石、詩書、繪畫、園林、織補、工藝、醫藥等等很多不同的角度切入，加以研究，這不僅在中國文學史上是一個獨一無二的現象，就是放在整個世界文學史上也是極為罕見。

比方說，如果從古代醫學的角度來研究《紅樓夢》，有學者統計，在一百二十回《紅樓夢》中，細緻描寫或是明顯涉及疾病與醫藥相關的有六十六回，提到的方劑有四十幾個。一部小說當中竟然包含這麼豐富的醫藥知識，這無疑顯示出作者曹雪芹（約西元1715年～約1763年）一定具有這方面的知識。事實上，在民間還流傳曹雪芹有一個私房的「芹菜療法」呢。

芹菜在中國有著悠久的種植歷史，種植面積相當廣大。在中醫看來，二年生的芹菜是一種非常有益的蔬菜，不僅營養豐富，富含蛋白質、胡蘿蔔素、鈣、磷、鐵、鈉等等，還是一種良好的藥材，具有健胃利血、清腸利便、潤肺止咳、降低血壓等療效。

曹雪芹出身名門望族，早年享受過一段錦衣玉食的好日子，家道中落以後，便開始艱難度日，尤其是在他四十歲左右流落到北京西郊傍西山的荒村之後，日子益發貧困。這個時候的曹雪芹有多窮呢？以生活常態來看，經常是「舉家食粥酒常賒」，窮得只能全家經常一起喝粥，因為煮粥比較省米，酒錢則經常只能先欠著；而從居住的地方來看，就是「滿徑蓬蒿」（「蓬」和「蒿」都是野生雜草，在李白的名句「仰天大笑出門去，我輩豈是蓬蒿人」中，「蓬蒿人」是比喻平凡之人），不過，除了雜草，據說曹雪芹仍然不忘要種一些芹菜，每當有家人不舒服，或是當曹雪芹得知有什麼鄰居不舒服，他都會到菜園裡去拔幾根芹菜，洗淨之後煮成芹菜汁，給需要的人服用，據說喝了幾次之後，不適的症狀就能有所緩解，這就是曹雪芹的「芹菜療法」。

說起來曹雪芹和「芹」這個字似乎有著特殊的緣分；他本名霑，「雪芹」是他的號，又號「芹溪」、「芹圃」，不管是什麼號，裡頭總有一個「芹」字。

據說在平日烹調時，曹雪芹也喜歡多加一點芹菜，反正多吃芹菜對健康總是好的。

然而令人頗感悲涼的是，芹菜再好，也只能算是健康蔬菜，連帶的「芹菜療法」恐怕也很難稱得上有什麼具體的療效，以至於在曹雪芹接近半百的時候，因為幼子不幸夭折，他哀痛成疾，緊接著又因貧窮無力就醫，竟一病不起，享年僅四十九歲左右。他從二十九歲左右就開始寫、斷斷續續寫了差不多二十年的《紅樓夢》，到他死的時候都還沒來得及完成，所以我們後人讀到的一百二十回本《紅樓夢》，後面的四十回其實是由清朝乾隆末年的進士高鶚（西元1758～1815年）所續的。

推崇「食少病無侵」的乾隆

講「清高宗」，可能很多人都沒什麼概念，但是如果講「乾隆皇帝」，相信大家就一定都知道了；清高宗弘曆，就是乾隆皇帝（西元1711～1799年），「乾隆」是清高宗唯一所使用過的年號。

從國號正式定為「清」開始算起，清朝一共兩百七十六年，清朝前期（康熙、雍正、乾隆三朝），前後一共一百三十幾年，是清朝的盛世，之後就由盛而衰，乾隆時期是清朝至關重要的轉折點。

說起來，乾隆真是一個好命的皇帝，因為他接手的是一個強大富裕的王朝，早年在父親和祖父、也就是康熙和雍正兩朝的基礎上，乾隆也還算是相當的奮發有為，清朝的國力達到鼎盛，可是在他統治後期就逐漸變得愈來愈奢靡，特別是對於和珅（西元1750～1799年）寵信有加，放任和珅弄權貪汙，更是嚴重敗壞了吏治。

乾隆的好命，還表現在他是一個在有生之年能夠善始善終的皇帝。他二十五歲即位，在位六十年，禪位升為太上皇之後又實際掌權了三年，最後才以八十八歲高齡辭世（一般如果講虛歲的話就會說八十九歲）。在乾隆死後十五天，和珅就被親政的嘉慶皇帝（西元1760～1820年）給賜死了，從和珅家裡抄出的黃金、白銀、古玩、珍寶，超過了清朝政府十五年財政收入的總和！真是令人咋舌！難怪民間有一句俗語，叫做「和珅跌倒，嘉慶吃飽」。和珅死的時候年紀不大，是四十九歲。

從秦始皇（西元前259～前210年）使用「皇帝」這個詞開始，一直到清朝滅亡，在中國超過兩千年的封建歷史上，壽命超過八十歲的皇帝只有五位（其中一位是歷史上唯一的女皇帝武則天），乾隆是壽命最長的一位皇帝。關於自己的長壽之道，乾隆自然是有話要說，總結起來，中心思想就是「食少病無侵」，意思就是說，不要貪吃比較健康，不容易生病。

當然，也許聽在很多底層老百姓

的耳裡會覺得很不順耳，會不免想著，我們總在挨餓，總巴不得能夠吃飽，你是皇帝，有吃不完的山珍海味，但你居然告訴我們最好要少吃一點？

不過，如果忽略乾隆是皇帝這一點，他所提倡的「食少病無侵」，這個養生觀念至現在倒還是仍然受到不少支持，有人還引申為就好像話說得少比較不易禍從口出一樣，吃得比較少自然也是有益健康，至少這代表飲食有節制，管得住自己的嘴巴，有助於保持健康體重，不容易過重，而只要能一直維持健康體重，整個人當然也就比較健康了！

反過來說，很多人、特別是上了年紀的中老年人，如果有這個毛病那個毛病，根源往往都是因為體重過重，只要能夠好好的減減肥，把體重降下來，回到健康體重的標準，很多毛病就會自然消失。（問題是，「想要長期保持標準體重」這本身就是一個很大的挑戰。）

除了「食少病無侵」，乾隆還提倡雜食。這個觀點也頗符合現代健康的觀念，因為雜食就表示什麼都吃、不偏食，這麼一來營養就容易均衡，當然是對健康有益。

此外，其實乾隆不只注重養身，還注重「養心」，因為在「食少病無侵」之前，乾隆還說了一句，那就是「事煩心不亂」。

事煩心不亂，食少病無侵，此二語乃為子養心養身良方，原別無求長生之術也。

好吧，還是一樣，只要別去糾結乾隆是皇帝，當然比較容易做到「事煩心不亂」，反正有那麼多大臣都在幫他分擔分憂、幫他去煩，除了這一點，乾隆所說「事煩心不亂，食少病無侵」的原則，以及「養身養心」（不要只顧養身，也要注重養心）的觀念，還是很值得肯定的，現代醫學不是早已告訴我們，情緒對於一個人的健康有很大的影響嗎？所以確實是需要養心。

袁枚的《隨園食單》

袁枚（西元1716～1798年），是清朝乾隆和嘉慶年間的代表詩人、散文家、文學批評家，同時也是一位美食家。

袁枚是錢塘（今浙江杭州）人，祖籍浙江慈溪。他在二十三歲那年中了進士，授翰林院庶吉士，三年後外調江蘇，先後於溧水、江寧、江浦等地任縣令，前後七年，雖然為官相當勤政，擁有不錯的聲望，但仕途不順，乾隆十四年（西元1749年），才三十三歲的袁枚便辭官隱居於南京小倉山隨園，這個地方是他在任江寧縣令時，以三百金所買的。

現在位於南京清涼山東部方向、小倉山麓的隨園，頗有一點來頭，舊時為織造園（有人說就是曹雪芹筆下的大觀園），荒廢已久，袁枚買來以後就好好的整理了一番，他的整理原則是：「造屋不嫌小，開池不嫌多；屋小不遮山，池多不妨荷。游魚長一尺，白日跳清波；知我愛荷花，未敢張網羅」。

袁枚很大方，這座隨園的四周是沒有圍牆的，大有今日開放公園的概念，每到假日經常都是遊人如織，袁枚不僅不加管制，任由大家進進出出，歡迎大家一起欣賞隨園美麗的風光，甚至還在門聯上寫著：「放鶴去尋山鳥客，任人來看四時花」。

袁枚相當長壽，過世時是八十二歲，就葬在隨園，世人稱之為「隨園先生」。從年輕時辭官以後，近半個世紀，袁枚筆耕不輟，其中有兩部重要的作品都冠以隨園之名，一部是關於詩歌美學與理論的著作《隨園詩話》，另一部是《隨園食單》，前者是清朝影響力最大的一部詩話（所謂「詩話」，是評論詩人和詩作，大多為隨筆的性質），後者則是中國古代很有分量的烹飪著作，也是以隨筆很有系統的論述，並介紹中國烹飪技術，以及當時流行的三百二十六種南北菜餚飯點，外加當時的美酒名茶，後來在英、法、日等地均有譯本。

這三百多種美食，都是袁枚花了很大的功夫慢慢收集而來。每當

袁枚吃到了什麼美食，都會立刻到廚房去向廚師請教烹調的方法。有時廚師不肯透露祕訣，袁枚也不輕易放棄，就一直磨，非要讓人家告訴他不可，譬如「芙蓉豆腐」這道菜，據說廚師最初也不肯把烹調方法坦白相告，後來就是被袁枚誠懇的態度所感動，遂傾囊相授。

那天，袁枚品嘗到一道以豆腐為主要食材的菜餚，覺得色香味俱全，就趕緊找到廚師，磨了半天才從廚師嘴裡問到了烹飪方法，隨即就高興的記下：

用腐腦，放井水泡三次，去豆氣，入雞湯中滾，起鍋時加紫菜、蝦肉。

這就是袁枚《隨園食單》的文字風格，簡單清爽，被形容為「人人都可照著去做」，可以說就是一本非常實用的食譜，似乎就像袁枚願意讓大家分享隨園的美景一樣，他也想讓大家了解這三百多道美食是怎麼做的，然後讓大家也都有機會自己動手試試看。

後來，許多被記載在《隨園食單》裡的美食，也確實都因為袁枚而得到更為廣泛的傳播。

愛吃豆腐的孫中山

「四物湯」是一道傳統藥膳，最早在唐朝就已留下文字記載，是把當歸、川芎、白芍、熟地黃四味藥材做為主要原料熬製而成。我們的國父孫中山先生（西元1866～1925年）則有自己獨到的「四物」，經常推薦大家多吃，他說當時歐美各國都還不知道這四物的價值。這「四物」分別是黃花菜（又名金針菜）、木耳、豆腐和豆芽菜。

尤其是豆腐，孫中山愛吃豆腐是出了名的。

說來孫中山和豆腐還頗有淵源。清同治五年（西元1866年），孫中山出生於廣東省廣州府香山縣（今廣東中山市）翠亨村一個普通的家庭，鄰居開了一家豆腐房，專門賣豆腐。據說孫中山的父親也擅長製作豆腐，而且也做過豆腐生意，只不過時間不長，後來就去了澳門打工，孫中山小時候幾次隨著父母來往於澳門與家鄉之間，看到澳門的繁榮以及中西文化交融，使他在耳濡目染之餘，也受到不少啟發。

孫中山所接受的教育也是屬於中西交融式。他在九歲入村塾讀書（這年已是光緒元年），接受中國傳統教育，十二歲那年隨母親赴檀香山，在長兄的資助和栽培之下，先後在檀香山、廣州和香港等地接受比較有系統的西方近代教育。十七歲，自檀香山歸國，同年又前往香港讀書。在香港習醫期間，孫中山與楊鶴齡（西元1868～1934年）等四人志同道合，結成一個關注政治、經常批評時事的小集團，被稱為「四大寇」。

二十六歲那年，孫中山畢業於香港西醫書院（今香港大學），同年九月，來到澳門鏡湖醫院出任新設的西醫局首任義務醫師，成為當時澳門第一位華人西醫。孫中山行醫的時間雖然不長，可絕對是一個好醫生，他所治療過的一些重要病例，到現在從文獻裡都還可以找得到。

譬如，有一個病人，腎囊腫大，嚴重影響到日常活動，他用醫械去掉其體內的積水，使病人得以正常行走；有一個婦人難產，經他及時處理，母子平安；有兩個紙店夥計胸口和面部不小心被藥水灼傷，傷勢嚴重，他用藥物敷在他們的傷處，兩個患者的傷口十天便都得到恢復；有一對夫妻吵架，妻子在半夜吞洋菸自殺，到了清晨八點才被抬到醫院，幾乎已沒了氣息，但他仍然全力救治，終於把婦人從鬼門關給拉了回來……

一回，有一個患有高血壓的病人來求診，孫中山在診斷、開藥之後告訴病人，這個病光靠吃藥是不夠的，還得在飲食調理方面下一點功夫，於是，就向患者推薦了「黃花菜、木耳、豆腐和豆芽菜」等四物，說這四物都是很好的素食，不妨多吃，尤其是豆腐，豆腐素來被稱為「植物肉」，營養價值極高，孫中山建議病人不妨經常以豆腐為主，再將豆腐配搭黃花菜等其他三物，叮嚀病人只要多吃，對身體會有很好的幫助。

中醫原本就有「藥食同源」之說，意思是說許多食物本身其實也可以視為藥物，食物和藥物兩者之間並沒有什麼絕對的分界線，在唐朝的醫書中還如此記載：「空腹食之為食物，患者食之為藥物」，充分反應出「藥食同源」的思想。孫中山所推薦的「四物」，除了都是很好的素食，一個個也都富含豐富的營養，尤其是豆腐。從保健的角度來看，大家確實是可以多吃。

據說在所有的豆腐美食當中，孫中山尤其喜歡吃瓤豆腐。這是一道廣東客家人的傳統名菜，將小方塊豆腐先切開，在切面剜一小口，塞進肉餡，這個肉餡很有講究，是選用五花肉，配上適量的蝦米、魷魚、魚肉、香菇等一起剁成餡，塞好餡料的豆腐就拿去煎，煎成金黃色之後，再加上醬油或魚膠、胡椒粉，然後用雞湯煨

透，溼瀝粉勾芡，最後再撒上蔥花和香菜。如此費工的釀豆腐，不難想見肯定是十分美味。

孫中山第一次吃釀豆腐時還發生一件趣事。因為覺得好吃，孫中山便當場詢問當天同席的人，這道菜叫做什麼？一位先生回答了孫中山的問題，只不過這位先生的方言太重，他所說的「釀豆腐」，聽在孫中山的耳裡就成了「羊鬥虎」！因此，一時之間孫中山真是一頭霧水，不能理解。

這就是為什麼後來在廣東有些人會把「釀豆腐」稱做「羊鬥虎」的典故。

美食典故小學堂

美食的由來、歷史與傳說

壹 饅頭

諸葛亮（西元181～234年），字孔明，三國時期蜀漢丞相，多才多藝，除了是一位傑出的政治家和軍事家，還是非常優秀的文學家、書法家和發明家。「發明家」這個身分尤其非常特別。

諸葛亮向來喜歡動腦。講一件跟吃有關的小故事。早年當他還隱居在隆中時（隆中位於今天湖北省襄樊市襄陽以西十三公里），因為家貧，只得把當地一種叫做「蔓青」的野菜（又叫做芥菜）充當蔬菜，蔓青又苦又澀，還有一種特別衝鼻的辛辣味兒，當時一般人都不喜歡吃，可是諸葛亮卻發現，其實只要稍加改進，蔓青還是不錯的，關鍵就在於不宜吃太新鮮的蔓青，如果先用鹽醃漬一些時間，再滴幾滴香油，拌著吃，口感就會變好，而且四季都可以吃，不受時令的限制。

後來，當諸葛亮帶著士兵們屯田開荒時就廣種蔓青，並且教大家該怎麼吃。漸漸的，大家就把蔓青稱為「諸葛菜」。

諸葛亮真是一個非常聰明的人，當他被劉備「三顧茅廬」的誠意所打動而出山的時候，不過才二十七歲，是一個真正的青年才俊。他所提出的〈隆中對〉，是此後數十年蜀漢的基本國策。

身為一個發明家，他發明的東西還真不少，比方說，「諸葛弩」，又稱「諸葛連弩」，可以一次發射十支箭（就是近代可以連續發射的機關槍的概念），在當時是很厲害的武器，大大提高了蜀軍的戰鬥力；「孔明燈」，這是一種用來向救兵傳遞信息的空飄燈，和現代熱氣球的原理是一樣的，比西方的熱氣球至少要早了一千五百年以上；「諸葛鼓」，這個銅鼓很不一般，白天可以拿來做飯，晚上在必要時可以敲擊它發出警報；「孔明棋」，這是當蜀國南方發生暴亂，諸葛亮率軍前往征討時，見士兵們因為不適應南方的氣候，普遍心情煩悶，便特別發明了一種遊戲，來緩和士兵們焦躁的情緒。

沒有以他名字來命名的發明還有很多，譬如，為了便於在崎嶇山路上運輸糧食的運輸工具「木牛流馬」；為了對付野獸的「火獸」，這是一種會噴火的武器，簡直就像是古代版的噴火機甲怪獸；為了讓軍隊能夠迅速渡河的「搭橋槍」；為了提高蜀軍的戰鬥力，將古代陣圖加以變化的「八陣圖」；一種命名為「地雷」的武器，在「一炮中藏九炮，三十步埋之，中用竹竿通節，以引藥線，一發動，山損石裂」，就是現代地雷的概念啊。

在諸葛亮所發明的眾多器物中，還有一個是吃的，一直到現在，全球只要有華人的地方都還可以看得到，而且相當普遍，這就是饅頭。

不過，需要特別強調的是，諸葛亮所發明的饅頭，概念不同於我們今天所說的饅頭，而比較像是包子，而且是超級大包子。「饅頭」的定義，是到了清代、也就是在諸葛亮死後一千多年，才開始細化，北方把裡頭沒有餡料的稱做饅頭，有餡料的稱為包子，後來漸漸的又把沒有餡料的稱為饃、卷子，而南方也慢慢發展出湯包、面兜子。

儘管今天不管是饅頭或是包子，裡頭有沒有餡料，是什麼樣式，都跟諸葛亮當年的饅頭相去甚遠，但只要一講起饅頭的典故，按書上的記載普遍都還是會說是諸葛亮發明的。也有極少的資料說是蜀漢名將張飛（生年不詳，卒於西元221年）所發明，但沒有什麼故事做為說明，而諸葛亮為什麼會發明饅頭倒是有故事的。

相傳是在西元二二五年，諸葛亮七擒孟獲，平定南蠻以後，在班師回朝途中，來到瀘水（今天稱金沙江，是中國第一大河長江的上游），天空突然烏雲密布，河裡也巨浪滔天，部隊無法渡河。孟獲告訴諸葛亮，這個地方，當地人都稱為蠻地，這幾年來因為一直在打仗，很多士兵都戰死在這裡，那些來自外地的士兵，可能是因為有感於客死他鄉，非常怨恨，經常出來作怪，想要渡河就必須祭供，還得獻上特殊的供品。

這個供品聽起來很恐怖，孟獲說，必須是七七四十九顆人頭！

滿懷仁心的諸葛亮不願為此殺掉四十九個無辜士兵來祭祀，便命人先宰殺牛羊，做成肉醬，再用麵粉皮來包裹，做成人頭的模樣，然後放入蒸籠裡蒸熟，做為供品。由此可知這個時候的「饅頭」個頭是很大的，而且由於是在蠻地祭供，所以這個供物當時是被稱之為「蠻頭」。

據說在把這四十九個蠻頭丟進瀘水，祭祀過後，立刻就風平浪靜，蜀軍就這樣平安渡了河。從此，蠻頭也漸漸進入民間，漸漸成為老百姓的主食之一。

由於中國幅員遼闊，民族眾多，不僅蠻頭慢慢變成了饅頭，做法也有了很多變化，除了傳統的蒸，還可以生煎和油炸，口味更是相當多樣。一般認定不包餡的饅頭是在唐宋以後出現，也就是至少在諸葛亮死後三百多年。

貳 燈影牛肉

有一句話說：「演員的道具，廚師的刀」，除非是默劇，否則演員在演戲的時候如果沒有道具，表演一定會大打折扣，就好像如果廚師沒有刀，該怎麼料理食材呢？又或者如果刀工太差，該切肉絲、肉丁的時候總是切成了肉塊，這怎麼能夠顯得出技術呢？

刀工確實滿重要的，往往也是衡量廚藝的標準之一。四川省達州市通川區漢族傳統美食「燈影牛肉」，就是一道讓廚師展現刀工的美食，或者反過來說，如果刀工太差，根本就做不了這道美食，因為「燈影牛肉」的肉片之薄，真是令人讚嘆，如果在燈光下甚至可以透光，就像是皮影戲的布幕似的，所以才稱之為「燈影牛肉」。

這麼別緻的名字是誰想出來的呢？相傳不是廚師，也不是餐廳，而是一位客人，是唐朝著名詩人元稹（西元779～831年）。

據說有一回，當元稹途經通州（今四川達州），在一家鄉間酒館飲

酒時，店家上了一種烤製得很薄的牛肉片做為下酒菜，元稹見這個牛肉片居然能夠切得如此之薄，幾乎「透明如紙」，放在燈前還似乎有什麼影子若隱若現，令他頓時聯想起京城長安流行的燈影戲，於是就大加稱讚，說這個牛肉片就像是燈影戲，從此，「燈影牛肉」這個名字就不脛而走了。

元稹少年時代家裡貧困，長大以後是靠著科舉出人頭地，曾任監察御史，後來因為得罪了一些宦官和當權派，遭到了貶斥，在轉而依附宦官之後才慢慢打通了仕途，最後是因病死在武昌軍節度使任上，享年五十二歲。

這麼看來，元稹似乎不是一個有原則的人。事實上，對後人來說，元稹還有一個鮮明的形象，就是負心漢。

儘管他曾經為了悼念亡妻而寫下「曾經滄海難為水，除卻巫山不是雲」這樣的名句，意思是說，見過了洶湧的大海，其他什麼河啊水啊都不值一提了，除了巫山的雲彩，其他地方的雲兒也都相形失色，後來很多人都喜歡用這兩句來表達對於失去生命中最美好事物的懷念。元稹對於妻子的感情當然可能是真的，但當年在他迎娶妻子時更多的恐怕還是利益考量，看重這是一門對自己非常有利的婚事，因為岳父是高官，是岳父看中他，要把女兒許配給他，元稹就很高興的答應了，完全忘了自己在赴京趕考之前曾經與一個女子有過戀愛關係，這個女子便是崔鶯鶯。

元稹負了崔鶯鶯，可是對於自己與崔鶯鶯之間的戀愛，似乎還頗洋洋得意，寫了《鶯鶯傳》，後來元代著名雜劇作家王實甫（西元1260～1336年）便是根據《鶯鶯傳》，寫出了著名的《西廂記》。

讓我們回頭再來看看「燈影牛肉」。如果這個名字真的是元稹所取的，那就至少有一千一百年以上的歷史，可是關於這個菜名，還有另外一個不是那麼普遍的版本，說是清末光緒年間一個姓劉的廚師所命名，而且這道美食就是這位廚師所創，那麼歷史就會短得多，距今只有一百二十年左右。

在這個版本中，有一個達州人名叫劉仲貴，以經營燒臘、滷肉為業，最初他所做的五香牛肉因為肉很厚，吃的時候很容易塞牙，因此儘管口味不錯，生意還是一直不怎麼好，直到他在不斷加以改進、特別是在刀工方面下了苦功夫之後，終於推出一種新穎的牛肉，以「薄」做為最大的賣點，稱為「燈影牛肉」。

「燈影牛肉」究竟有多薄呢？為了招攬顧客，劉仲貴特意把切得薄薄的牛肉片，用細細的繩子一片一片的串起來掛在店門口。這一招果然管用，來來往往的人們看到了，無不覺得驚奇和好奇，等到進了店裡一嘗，又都覺得味道很好，於是「燈影牛肉」就這樣打開了銷路，劉仲貴也被稱為「燈影牛肉」的始祖。

叁 五柳魚

兩個文人之間若有什麼足以傳世的交集憑證，通常都是藉由文學作品，比方說詩聖杜甫（西元712～770年）就寫了很多懷念詩仙李白（西元701～762年）的詩作。杜甫比李白小十一歲，西元七四四年兩人相遇的時候，時年四十三歲的李白已經是名滿天下，時年三十二歲的杜甫還只是剛在詩壇嶄露頭角，不難想見杜甫見到李白時，內心一定滿激動的，可能就像粉絲見到了偶像。當時杜甫一定想不到後世會將他與李白合稱「李杜」，並將自己評價為偉大的現實主義詩人。

那天，兩人不僅面對面的交流，還一起打獵，同行的還有另外兩位詩人。

李白和杜甫都是唐朝人。同時代的文人，互相為對方寫些文學作品是很常見的事，如果要與早已作古、無緣謀面的文人有所聯繫，那應該更是只有經由文字了，可是杜甫不僅與晉宋之際著名的文學家陶淵明（西元352或365～427年）也有所交集，而且方式還挺有意思。

如果以兩人的卒年來看，相差了近三個半世紀，這麼長的時間，如果不是經由文字，比方說如果不是杜甫也為陶淵明寫了什麼作品，要怎麼產生交集呢？

原來，讓他們產生交集的是一道美食，那就是四川名菜「五柳魚」。這道菜是杜甫所命名的，而在命名的時候，是從陶淵明的身上得到的靈感。

陶淵明對於杜甫來說當然是一個古人，而且還是一位令杜甫景仰的古人，主要就是那篇帶著陶淵明濃厚自傳色彩的散文〈五柳先生傳〉。陶淵明在這篇作品中所表現出來的高風亮節，令杜甫大為欣賞。

話說當「安史之亂」爆發的時候，杜甫四十三歲。在潼關失守以後，杜甫先後輾轉多地，四年後棄官入川，總算避開了戰亂，不再流離失所。他來到成都，在浣花溪畔建了一座草堂，過著清貧但相對安定的生活。杜甫在這裡住了將近四年，創作詩歌逾兩百四十首，〈登高〉、〈春望〉、〈北征〉等名作都是在這個時期所寫的。

杜甫生前的名聲並不顯赫，後來卻聲名遠播，影響愈來愈廣。在杜甫死後數十年，唐末詩人韋莊（約西元836～910年），找到了草堂遺址，重新整理，使草堂得以保存，後來宋元明清歷代都對這裡有所修葺擴建。一直到現在，「杜甫草堂」仍然是四川成都一個知名的景點，凡是去成都的人，都會去草堂走一走，緬懷一下杜甫。

據說，有一天，杜甫和幾個朋友在草堂吟詩作賦，到了中午該吃飯的時候，杜甫正有些傷腦筋該拿什麼、或者說有什麼可以來款待友人，剛巧看到家人從綄花溪裡釣起了一條魚，大喜過望，馬上就親自把這條魚給料理下鍋。

朋友們都覺得很驚奇，因為看杜甫的架勢，完全就是一

副烹飪高手的感覺，可是之前沒什麼人知道杜甫還有這麼兩下子。只見他十分俐落的先把魚洗淨，去掉內臟，加上佐料，放進鍋裡去蒸，等到蒸熟以後，再把當地的甜麵醬炒熟，加入四川泡菜裡的辣椒、蔥、薑和湯汁，和好澱粉，做成汁，趁熱淋在魚身，最後再撒上香菜。端上桌以後，大家都吃得讚不絕口。

有朋友提議，這麼好吃的菜該有個名字（難吃的菜就免啦）。相傳就是在這個時候，杜甫想到了陶淵明的〈五柳先生傳〉，然後說，剛才他在處理這條魚的時候，注意到魚的背部有一些五顏六色看來像是柳葉的圖案，不妨就把這道菜叫做「五柳魚」吧！

後人推測杜甫所做的那條魚其實就是今天的草魚。草魚算起來已經有超過一千七百年以上的養殖歷史，只不過以前都是取江河中的天然魚苗，在池塘裡養大以後再食用或出售，真正實現人工養殖是近半個世紀的事，現在草魚早已是中國重要的淡水養殖魚類之一。「五柳魚」至今仍是四川名菜，而且料理起來和當年杜甫所採取的方法是一樣的。

一道美食，聯繫了兩位傑出的文學家，也算是一段佳話了。

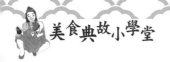

肆 小炒魚

據說明代著名思想家王守仁、也就是王陽明（西元1472～1528年）很喜歡吃魚，還特別喜歡吃草魚，因而催生了一道以草魚做為主要食材的美食，叫做「小炒魚」，至今仍是江西名菜。

王陽明是浙江餘姚（今屬寧波餘姚）人。他是家中長子，家庭相當顯赫，父親考中過狀元，並官至南京吏部尚書。

十二歲時，王守仁正式就讀私塾。他在少年時期就已表現出不凡的抱負，十五歲時就屢次上書皇帝，熱心獻策該如何平定農民起義，結果當然是石沉大海，得不到任何回應。同年，他出遊居庸關、山海闕達一月之久，縱觀塞外，放眼大好河山，儘管此時他年紀不大，但心中已充滿著濃濃的報國之心。

二十八歲那年，王陽明考中了進士，接下來歷任刑部主事、貴州龍場驛承、廬陵知縣、右僉都御史、南贛巡撫、兩廣總督等職，晚年官至南京兵部尚書、都察院左都御史，以仕途來說，也算是頗有成就，稱得上是「虎父無犬子」了。

不過，王守仁在歷史上最大的貢獻不是做官，而是在學術上的成就，也就是他主張「心即理」、「知行合一」和「致良知」的哲學，可以說是明代中後期最具影響力的哲學思想。

無論如何，在他擔任南贛巡撫期間（「贛」是江西的簡稱），「小炒魚」在偶然之間誕生了。

話說王陽明聘用了一個當地的廚子，這個廚子在知道王陽明喜歡吃魚以後，便投其所好經常挖空心思、變著花樣來做魚。有一天，王陽明吃到一道菜，一開始沒能立刻看出盤子裡的是魚，因為廚子把魚頭魚尾都去掉了，魚身也被切塊，呈長條狀，乍看還挺像肉片。王陽明夾起一片送入口中，這才吃出原來是魚肉，覺得風味特別的好，之前沒吃過，便問廚子這道菜叫做什麼？（前面我們也說過，好吃的菜才會讓人想要知道菜名，大概是知道了菜名，以後才好再點啊。）

廚子一時答不出來，轉念想想這是一項新嘗試，是加進了小酒一起炒，乾脆就叫做「小炒魚」吧！

「小炒魚」就是這麼來的。

什麼叫做「小酒」呢？原來就是醋，江西的習俗會將醋稱為「小酒」。

一直到現在，色澤金黃、口感外酥裡嫩，略帶醋香的「小炒魚」，仍是贛南客家菜的代表之一。正宗的「小炒魚」只用草魚魚肚的肉來做。

說到這裡，我們似乎應該補充一下，大家要知道，客家菜是中華飲食文化中重要的組成部分，與廣州菜、潮州菜並稱廣東三大菜系，不過，雖然說是廣東三大菜系，但如果就地域來分，可就並不局限於廣東，像贛南等江西客家地區，就是屬於客家菜的贛南流派。

一般來說，客家菜的口感是偏重「肥、鹹、熟」，贛菜（江西菜）的特色是講究原汁原味，油厚不膩，口味濃厚，鹹鮮兼辣。無論是客家菜或是江西菜，會用到醋的似乎都不多，或許也正是因為這樣，「小炒魚」這道美食才會顯得這麼特別吧。

伍 曹操雞

發生在西元二〇八年的赤壁之戰，奠定了三國鼎立的基礎，是三國時期幾場重要戰役中最為著名的一場（雖然在歷史上「三國時期」要從十二年後曹丕篡漢稱帝才開始算起）。赤壁之戰是中國歷史上第一次在長江流域進行的大規模江河作戰，標誌著中國軍事政治中心不再限於黃河流域。

在赤壁之戰中，曹操所帶來的大軍之所以會在人數懸殊、占盡優勢的情況之下敗給孫劉聯軍（曹軍有二十多萬、八十多萬之說，號稱百萬大軍，孫劉聯軍加起來只有區區五萬），其中有一個很大的因素，就是因為曹軍是從北方南下，不僅一路勞累，士兵們還普遍的水土不服，再加上不適應水戰，於是就嚴重影響了戰力。其實，別說士兵了，在赤壁之戰前夕，當曹軍來到廬州（今安徽合肥）時，曹操也病倒了，部隊便在逍遙津這個地方先駐紮下來。

有一個當地的醫生，獻上一個祖傳祕方，交代軍中大廚為曹操做了一道藥膳雞，這是挑選當地一斤半重左右的「伢雞」（「伢」這個字的本意是「小孩兒」，在「吳語」、也就是江南話中是一個人稱代詞，是「我們」的意思），再配上中藥、輔料和名酒精心烹製。曹操吃了以後，無論是精神或是體力果然都很快就恢復了。據說從此曹操就經常吩咐廚子準備這道美食。

（所以，在曹操殺楊修的雞肋事件中，也許曹操當時就是在吃這道美食？）

因為曹操的關係，這道美食後來就被稱為「曹操雞」，並且慢慢流傳開來。又因當時曹操是在逍遙津吃到這道美食，所以又被稱為「逍遙雞」。（也就是說，在這個菜名中，「逍遙」原來是指地名，不是說這個雞有多逍遙。）

直到今天，逍遙雞仍是安徽的名菜，而且做法跟當年差不多，仍然是要選用當地所產的「伢雞」，宰殺洗淨之後，先掛在陰涼處風乾，接著再抹上一層蜂蜜，然後繼續掛著，待這回晾乾之後，將一整隻雞先炸成金黃色，再放進湯裡去煮，這個湯可不一般，裡頭有天麻、香菇、花椒、桂皮等十餘種開胃健身的材料，再加上名酒。經過滷煮、燜製之後的雞，從外觀上看來色澤紅潤，讓人一看就食指大動，吃起來還很嫩，嫩到什麼程度呢？只要抓起雞腿輕輕抖幾下，雞肉和骨頭就會乖乖分家。

總之，這道美食的口感就是「肉爛骨酥」。或許是因為非常美味，讓人吃了以後神清氣爽，才讓人產生樂逍遙之感？據說曹操當年就曾經這麼評價過。

此外，逍遙津這個地方其實還發生過一件大事，那是在赤壁之戰過後七年（西元215年），曹魏名將張遼（西元169～222年）率領八百將士對戰東吳的十萬大軍，居然以少勝多，一直衝殺到孫權的主帥旗下，稍後還差一點就活捉了孫權。

《三國演義》中「張遼威震逍遙津」，所講述的就是這次「逍遙津之戰」的故事。

陸 狀元及第粥

明朝兩百七十六年間一共出了九十個狀元，主要都是來自江蘇和浙江兩省，來自其他省分的都不多，像來自廣東的只有三個。事實上，自古以來廣東一共就出過九個狀元。

總之，狀元在廣東是非常稀罕的。明朝第一個來自廣東的狀元名叫倫文敘（西元1467～1513年），他是南海縣黎湧人，他的故鄉經學者考據是在今天廣東省佛山市瀾石鎮黎湧村。如今廣受歡迎的「狀元及第粥」就是與倫文敘有關，是一個挺有人情味的故事。

我們不妨先來了解一下倫文敘。據說他天生異相，是一個大頭寶寶，按書上記載居然說他在出生時頭顱周長有二尺，相當於今天的六十公分，確實比一般新生兒的腦袋要大得多，今天一般剛剛出生的嬰兒平均頭圍是三十四公分左右。這麼大的腦袋，無怪乎倫文敘從小就被稱為「大頭仔」。

他家相當窮，父親是勞動階層，種過田、做過傭工，後來以撐渡船為生，勉強供一家溫飽，在這樣的情況之下，儘管倫文敘從小就表現得特別聰慧，但家裡還是無力送他去私塾讀書。不過，由於他的父親多少還是有些文化，不是文盲，在勞動之餘盡心盡力教兒子寫字、讀書，算是倫文敘所能得到最好的啟蒙教育。他在七歲之前已經能寫一手好字，還能背幾十首詩詞。

七歲時，倫文敘經常跑到一家私塾，站在外頭偷聽，被私塾老師發現以後，覺得這個孩子很難得，被他好學的精神所感動，願意義務性的教他，不收學費。倫文敘好好把握了這個機會，認真向學，表現相當不錯，八九歲就已經能詩文，長於對聯，鄰里都稱他為「神童」、「鬼才」等等。

在私塾老師因病過世之後，倫文敘也隨之無奈的輟學，不過他還是在賣菜幫忙家計之餘，盡自己最大的能力好好讀書。

有一家粥店的老闆，看倫

文敘小小年紀就這麼懂事，懂得幫家裡分憂，又這麼的上進，這麼喜歡讀書，便主動跟倫文敘買菜，要倫文敘以後每天都挑一擔菜去他店裡。不僅如此，每天倫文敘來了以後，老闆還會把一些零星的豬肉丸、豬粉腸、豬肝之類放在白粥裡一起稍微煮一下，起鍋時再加一點薑蔥，免費請他吃。

就這樣，一連好幾年，倫文敘幾乎每天都在這家粥店吃免費粥，對好心的老闆非常感激。

後來，廣東巡撫在無意中得知倫文敘的才氣，也很想幫助他。在巡撫大人的資助下，倫文敘總算告別了賣菜生涯，得以安心讀書。終於在二十三歲那年以儒士的身分到省城就試，以優異的成績進入了太學。太學就是「國子監」，這是中國古代自隋朝以後的中央官學，是中國古代教育體系中的最高學府。

十年後，時年三十三歲的倫文敘參加了殿試，名列第一，高中狀元。（鄉試第一名稱做「解元」，院試第一名稱做「秀才」，會試第一名稱做「會元」，只有殿試第一名才會被稱做「狀元」。）

考上了狀元，這可真是一件不得了的大事！在衣錦還鄉時，倫文敘再次來到那家粥店，感謝老闆在他年少貧困時那麼的幫他，對他那麼好。言談間，老闆又送上一碗當年經常請倫文敘吃的粥，並且請倫文敘為這道粥定個名字，倫文敘想想，覺得如果不是好心的老闆當年天天請他吃粥，恐怕自己今天未必能夠有這個機會高中狀元，便說，不妨就叫做「狀元及第粥」吧。「及第」的意思，就是指科舉考試應試中選，因為榜上題名有甲乙次第，所以叫做「及第」。

說罷，倫文敘還親筆為這家粥鋪寫下牌匾，從此，由於有這塊狀元親筆所寫的牌匾做為宣傳，這家原本普通的粥店一下子也就聲名大噪了起來，而「狀元及第粥」的做法也在廣州、珠海等珠江三角洲，以及港澳地區慢慢流傳開了。

柒 三元及第粥

其實三元及第粥與狀元及第粥的內容與做法差不多，豬肝、豬腎、豬粉腸這三種配料中至少要有一兩種，有的還會增加豬肉丸子或魚肉丸子，因為在廣東話中「丸」與「元」同音，所以用丸子來表示狀元。

若講起這兩道粥的典故，說法不一而足，有的甚至會將兩者混淆在一起，也有的則是呈現出兩個不同的故事，連時代背景也不一樣，只不過主人翁都是廣東人，而且在歷史上都是確有其人。

我們就當兩個不同的故事來欣賞吧。

狀元及第粥的故事背景在明代，三元及第粥則是在清代，主人翁是清朝的狀元林召棠（西元1786～1872年）。倫文敘是明朝弘治年間的狀元，林召棠是清朝道光年間的狀元，是清朝第二個來自廣東的狀元，如果以兩人的出生年做一個基準，兩人相差了三百年左右。

和倫文敘出身貧寒大不相同的是，林召棠是吳陽（廣東湛江吳川）人，出身於書香門第，父親曾經擔任東安縣教諭（就是官方的正式教師）。林召棠十一歲隨父親到館學習，攻讀《莊子》等經典，他對詩詞很有興趣，也很喜歡學習「四六文」（就是駢文，因為句式整齊都是四六字句，所以被稱為「四六文」）。十八歲，林召棠應童試，取得生員資格，之後近二十年，他一直在科舉考試這條道路上奮鬥，起起伏伏，也曾不止一次遭遇到挫折，最終在三十七歲那年（西元1823年）狀元及第，授職翰林院修撰。

三名「探花」怎麼辨呢？就把粉腸切成小段，再在外沿刻兩個刀口，這樣煮好之後看起來就會顯得有一點花樣。所以，弄了半天，「三元及第粥」的主要食材和「狀元及第粥」就幾乎沒什麼差別了，只不過「三元及第粥」在處理粉腸時會刻意弄一點花樣就是了。

最後，關於「三元及第粥」的典故，還有一種滿接近現實生活的說法，那就是「三元及第」其實只不過是一種比較好聽的叫法，因為廣東人向來把豬的內臟稱之為「豬下水」，可是在菜譜上不宜直接這麼寫，於是就有商家給「豬下水」取了一個雅號，叫做「及第」，這麼一來，不但沒人會嫌棄「及第粥」、「三元及第粥」的用料，反而還會將此粥視為吉祥吉利的象徵，在廣東那麼多的粥品中，一直是很受歡迎，尤其是每逢考季來臨之際，很多家長都會特別用「三元及第粥」來給孩子當早餐，可見給美食取一個好名字是多麼的重要！

捌 叫花雞

在中國大陸，一般老一輩都會把乞丐叫做「要飯的」，或是「叫花子」。江蘇常熟地區的傳統名菜「叫花雞」，儘管典故不止一種，但在這些典故當中有一點相同的是，都是相傳「叫花雞」特殊的烹製方法，最早是由一個叫花子所做出來的。

「叫花雞」又稱「黃泥煨雞」，簡單來講就是用泥巴把整隻雞包起來，然後架火燒泥巴，等到泥燒熱了雞也就熟了。如果看過金庸（西元1924～2018年）的小說《射雕英雄傳》，一定都知道這道菜。

這樣的做法其實與兩三千年以前周朝「八珍」之一「炮豚」的做

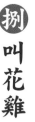

法很近似。所謂「八珍」，原指八種珍貴的食物，後來指八種稀有而珍貴的烹飪原料。「豚」這個字通常是指小豬，有時也泛指豬，「炮豚」就是用有黏性的土先把乳豬包裹起來，加以燒烤，然後再進一步加工而成的美食。

現在讓我們回到「叫花雞」。關於「叫花雞」的典故，有兩個版本，時間不同，一個是在明末清初，一個是在元朝末年。

先講在明末清初的這個版本。據說在江蘇常熟虞山一帶有一個叫花子，靠著到處行乞得來的殘羹剩飯度日。一天，一個好心的老太太送了他一隻老母雞，他很高興，可是，他是叫花子啊，居無定所，送他一隻活雞，他要怎麼處理啊？

後來，這個叫花子第一步是就近跟一戶人家借了一把刀，先把雞給宰了，去掉內臟，想必應該也找到水沖洗乾淨，然後就到重頭戲了，要怎麼把這隻已經初步處理過的雞給弄熟呢？

這個叫花子想到一個辦法，跑到山上挖了些黃泥塗在雞的外表，然後找來一些枯樹枝點起火，再將用黃泥包好的雞放在火堆中燒燜，過了好一會兒，等到泥燒乾了，雞也熟了，叫花子就用棍子敲去泥殼，頓時香氣四溢。

據說被稱為「虞山先生」的詩人錢謙益（西元1582～1664年），剛好散步經過此地，聞到香味，再發現原來可以這樣來料理一隻雞，覺得很新鮮，回去以後便命家廚照著做，家廚自然不是完全照做，而是做了一些改良，包括在雞肚子裡加進一些肉丁、火腿、蝦仁和香料，先用荷葉包裹，再塗上黃泥，然後才放到火裡去烘烤。

過了一段時日，當地的酒家也開始推出這道風味獨特的美食，叫做「黃泥煨雞」。這道美食就是從常熟這裡開始慢慢普及的。

在另外一個版本中，據說是在元朝末年，朱元璋還在帶兵打江山的時候，一次，朱元璋吃了敗仗，跑了三天三夜，就在又餓又累之際，發現前方有一堆火，一個老乞丐正蹲在火堆前面，專注的注視著火堆裡的一大團泥巴，朱元璋好奇的問老乞丐在幹嘛，老乞丐說，我在烤雞要獻給大王啊，過了一會兒，老乞丐把那一團泥巴從火堆裡取出來，敲掉泥巴殼，果然是一隻非常美味的雞。據說這就是「叫花雞」，但朱元璋當時稱為「富貴雞」。

也許朱元璋覺得「富貴雞」比較好聽，可這個名字卻顯然沒有「叫花雞」來得響亮；一直到現在，儘管有些餐館會在菜單上寫著「黃泥煨雞」，可通常大家都還是直接叫做「叫花雞」。

玖 流浪雞

就地理位置來說，江蘇省和江西省並不接壤，但有趣的是，江蘇有「叫花雞」，江西則有「流浪雞」，而且說起來由都跟朱元璋有關，只是關於「流浪雞」的故事，似乎只有一個版本。

儘管故事梗概好像和「叫花雞」中與朱元璋有關的那個故事差不多，但是「流浪雞」的故事更清楚、也更具體，此外，除了朱元璋，還多了一個配角，就是他的重要軍師劉基（西元1311～1375年），民間更習慣稱呼他為劉伯溫，「伯溫」是他的字。

劉伯溫比朱元璋年長十七歲，朱元璋對他很是尊敬，在打天下的時候總是恭敬的稱呼他為「老先生」，從來不叫他的名字。在歷史上，劉伯溫以神機妙算著稱，後世都把他和諸葛亮相提並論，有「三分天下諸葛亮，一統江山劉伯溫」；前朝軍師諸葛亮，後朝軍師劉伯溫」的說法。劉伯溫比諸葛亮要晚生了一千一百多年，他的運氣比諸葛亮好，因為他的老闆比較強。總之，因為劉伯溫太神了，遂自然而然的進入民間傳說，留下許多故事，這則關於「流浪雞」的故事或許也可算是其中之一，只不過主角是朱元璋。

故事背景設定在元朝末年、西元一三六三年「鄱陽湖之戰」最後決戰的前夕。「鄱陽湖之戰」是朱元璋和強勁的競爭對手陳友諒（西元1320～1363年）之間，為了爭奪鄱陽湖水域所進行的一次關鍵性的決戰。戰爭結果，朱元璋勝利，奠定了統一江南的基礎，陳友諒陣亡，他的勢力隨即也被朱元璋澈底消滅。五年後，朱元璋就在南京稱帝，國號大明。

「鄱陽湖之戰」前前後後進行了一個多月。話說在戰爭之初，一天，朱元璋吃了敗仗，倉皇間只得先棄船上岸。由於連日激戰，此時隨行的戰士已經不多，後面陳友諒的追兵又緊追不捨，情勢一度十分危急，幸好劉伯溫使出聲東擊西之計，總算讓朱元璋甩開了追兵。

一行人逃到一個比較偏僻的地方，停下來準備休整一下。

雖然暫時是安全了，但缺乏補給馬上就是一個大問題，此地荒郊野外，幾乎找不到什麼可吃的東西。這天，朱元璋實在是餓扁了，和劉伯溫一起離開營地，循著羊腸小徑向前摸索，走了一段時間居然還真發現了一棟農舍。

兩人都很高興。農舍看起來雖然破舊，好歹表示這裡有人住，那有人住的地方應該就會有食物了！

他們匆匆上前，發現屋裡只有一個老婦人。老婦看到他們，一開始相當驚恐，經過劉伯溫的安撫才平靜下來。劉伯溫還拿出一些銀兩，想讓老婦人幫忙做一點食物給他們吃（作戰的時候隨身還帶著銀兩，果然厲害）。

老婦人很樂意提供食物，而且還表示不要銀兩，問題是她家很窮，實在也沒什麼食物，不過，不怕，附近有一些流浪放養的小雞，於是，老婦人立刻出去

拾 香酥銀魚

太湖，是中國第二大淡水湖，在江蘇省南部，浙江省北部，今天有三分之二的水域都在蘇州的行政區內。

「太湖三白」，是指太湖中三種河鮮類特產，分別是白魚、銀魚和白蝦。其實「銀」就是「白」，就好像說「銀髮」就是指「白髮」一樣，正是因為這三種特產的外觀都是白色的，所以才會合稱為「太湖三白」。

以「太湖三白」做為主要食材所料理的美食，都非常注重食材的新鮮，與此同時，料理的重點也都在突顯出牠們的新鮮，因此幾乎都是採取清蒸或是白灼，強調要保持原味。唯獨銀魚是一個例外，銀魚的烹飪方法明顯要比另外兩種多一些，譬如「銀魚蒸蛋」和「香酥銀魚」都是很受歡迎的美食。

這應該是由於銀魚的個頭很特殊。雖然都是魚，而且都是太湖裡的魚，但是銀魚可比白魚要小得太多啦。銀魚，又稱「小銀魚」、「金針銀魚」。一道「清蒸白魚」只需要用到一條白魚，但是一道以銀魚為主要食材的美食，可至少需要幾十條，由此就可知道銀魚的個子有多麼的迷你了。

或許就是因為銀魚比較特別，在民間故事中還有一則關於牠的故事。

這個故事，時代不明，是類似「孟姜女哭倒長城」那樣，反應老百姓飽受勞役之苦的故事。

傳說在很久很久以前，太湖邊住著一家三口，日子過得其樂融融。可惜，好景不常，一天，丈夫被官府強徵去遠方服苦役，夫妻倆就這樣無可奈何的被迫分離。

丈夫走後，妻子日日夜夜盼著他回來。一開始，丈夫還有一些音訊，後來竟然就音訊全無，妻子的內心無比的焦慮。

這樣熬了一段時日，她決定要去看望丈夫。在古時候，一個女子要單獨出遠門可不是一件小事，更不是一件容易的事。但是，由於太過思念丈夫，使她勇氣百倍，還是就這樣出發了。

經過千辛萬苦，她千里迢迢終於來到丈夫服勞役的地方，滿心以為總算可以夫妻團聚，萬萬沒有想到等待她的卻是一個噩耗，原來她的丈夫早就在不久之前，因為過度勞累又身患疾病而過世了。

妻子自然是悲痛欲絕。回到家鄉以後，她在太湖邊整日以淚洗面，最後，她的淚水落入湖中，就變成了一尾尾的銀魚。

小銀魚不僅個頭小，還有好幾個特點，包括無鱗、無刺、無腥，肉質極細極嫩，營養價值又高。最簡單的做法就是「銀魚蒸蛋」，「香酥銀魚」則需要先將雞蛋和澱粉調成糊狀，再將事先放入精鹽和適量白酒裡醃過的銀魚放進去，再讓銀魚裹上麵包糠，這樣處理好了以後，就可以把銀魚放進油鍋裡去炸，炸至金黃色就可以準備起鍋，是孩子們都很喜歡的一道美食。

拾壹 八仙過海鬧羅漢

一看這個菜名，應該就可以感受到這道菜所用到的食材一定很多，否則哪能有這麼熱鬧的感覺？這確實是一道孔府名菜，經常做為喜宴壽宴的第一道大菜。

在中國民間傳說裡，「八仙過海」可以說是流傳最為廣泛的道教神話故事。所謂「八仙」是指一個群體，由道教的八位神仙所組成，他們是鐵拐李、漢鍾離、張果老、何仙姑、藍采和、呂洞賓、韓湘子和曹國舅。關於他們的說法始於元朝，經過一番演變，到了明朝算是正式成形。

在有關他們的眾多故事中，最有名的一個就是「八仙過海」了。話說有一回，一個神仙邀請八仙來參加宴會並且觀賞牡丹，八仙都很高興的去了，不曾想在返程時受到了東海龍王的阻撓，於是乎就展開一場鬥法，最後八仙一一拿出自己的法寶，總算都順利成功渡過了大海。這也就是俗語「八仙過海，各顯神通」的典故。

不難想像，「八仙過海鬧羅漢」這道美食，肯定需要九種主要的食材；八種代表「八仙」，一種代表「羅漢」。

我們先來看看是哪「八仙」，按傳統的做法分別是魚翅、龜骨、蝦仁、海參、鮑魚、魚肚、火腿、蘆筍，幾乎都是比較昂貴的食材，不過在現代保育觀念的影響之下，大家已經多半都會用別的食材來代替魚翅和龜骨。至於「羅漢」，一般都是用雞胸肉來做為代表。

把雞胸肉當做「羅漢」自然也是有說法的。最重要的一點是，雞胸肉可以說是中國人最常見的肉類。和其他肉類相比，古人也普遍相信雞胸肉的營養價值最高，也最容易被人體所吸收，對於增強體魄有著非常明顯的效果。如果是身體違和，那就更需要吃雞胸肉，一定可以盡快恢復健康，要不然在去探望病人時，為什麼很多人都會帶雞湯呢？

這道菜是以拼盤的形式來呈現，因此對於餐盤也很講究，首先必須夠大，最好是一個大圓盤，花案看起來要有華麗之感，然後在擺盤時先把做為「羅漢」的雞胸肉擺在中間，再以「羅漢」為中心，把「八仙」圍著「羅漢」一樣一樣的擺，每一「仙」都單獨成一區塊，而不是把「八仙」混在一起。

這麼一來，想像一下鮑魚、魚肚、火腿等等八樣食材對戰雞胸肉……不對不對，大概是覺得對戰、打架、群毆之類都太暴力了，於是乎古人就用了一個「鬧」字，一「鬧」就立刻定性為只是小打小鬧，純粹只是鬧著玩，完全沒有一丁點兒的暴戾之氣，正符合喜宴壽宴的場合，是一道非常氣派、內容非常豐富，同時也挺有故事性的大菜。

拾貳 龍井蝦仁

西湖龍井，是中國十大名茶之一。「西湖」這個詞，已經清清楚楚的告訴大家，這是屬於杭州的名茶，因為西湖在杭州，而「龍井」則是更精確的點出這個名茶的產地，就是杭州西湖龍井村周圍的群山。西湖龍井已經有一千兩百多年的歷史，當年乾隆皇帝下江南，在遊覽西湖時品嘗過西湖龍井，盛讚不已，還特別把獅峰山下胡公廟前的十八棵茶樹封為「御茶」，不難想像這對於當地茶農來說一定是一項莫大的榮譽。

「龍井蝦仁」，是杭州的名菜，這道美食頗有創意，是將新鮮的大河蝦與龍井新茶一起烹製。不過，關於這個創意的由來有兩種說法，其中之一指出，這只不過是一次陰錯陽差。

相傳有一回乾隆下江南，來到杭州西湖遊玩。正值清明時節，雨水比較多。這天，乾隆微服私遊，剛來到龍井茶鄉，不巧碰上了大雨，便趕緊到附近一戶人家去避雨。這戶人家有一個村姑，非常好心，見乾隆都快被雨給淋溼了，就拿出新採的龍井沏了一杯好茶遞給乾隆，讓他暖暖身子。乾隆一喝，覺得這個茶很棒，想帶一點回去，可是又不好意思開口，便趁村姑不注意的時候抓了一小把迅速塞在衣服裡。

等到雨停了，乾隆便起身告辭，繼續在附近遊玩。傍晚，他來到西湖邊一家小酒館，點了炒蝦仁等幾個菜之後，見店家奉上的茶水很一般，想起自己塞在衣服裡的茶葉，便跟店小二說他自己帶了茶葉，要店小二拿到後頭幫忙去泡一下。在乾隆拿茶葉的時候，店小二無意中瞥見乾隆便服裡的龍袍。（所以，從這個故事我們知道，原來乾隆在微服私遊的時候是把龍袍穿在裡頭的！）

店小二吃了一驚，馬上明白眼前這個客人竟然是皇上。奇怪，他都沒想到或許只是一個戲班的演員呢？總之，店小二趕緊衝到廚房，向店主報告這個天大的消息，不得了啦，皇上來我們店裡啦，現在就坐在外頭哪！

這家小酒館的店主身兼大廚，當時正在炒蝦仁，一聽聖上駕到，也很激動，結果就這麼慌慌張張的忙中有錯，把店小二拿進來準備要泡的龍井茶葉錯當成是蔥花，就這麼撒進了鍋裡，於是，原本應該是蔥花炒蝦仁，這下就變成是龍井炒蝦仁了。

不過，稍後當乾隆吃到這道意外造就的美食時，大讚美味可口，從此「龍井蝦仁」就成了杭州當地著名的一道美食。

另外有一種說法是，有一回乾隆下江南時正好是清明時節，他在遊覽西湖龍井的時候，茶農將新茶恭恭敬敬的進獻給他（在這個版本中，乾隆似乎並不是微服私遊），後來，乾隆把茶葉帶回行宮，不久，御廚在炒「玉白蝦仁」時，靈機一動的加料，把龍井放進了鍋裡，炒出了「龍井蝦

仁」這道名菜。

兩個版本都提到了時間，是在清明時節，這一點很重要，表示「龍井蝦仁」的用料是比較講究的，因為此時所採摘下來的龍井是新鮮的新茶。當然，並不是所有的茶葉都是愈新鮮愈好，像普洱茶、黑茶就是愈陳愈好，只是因為龍井屬於綠茶，綠茶就確實是新鮮的比較好。

所謂「新茶」，是指當年春季從茶樹上採摘的頭幾批鮮葉加工而成的茶葉。為了追求品質，很多茶農都是在清明節之前就開始採茶了，這樣的茶被稱為「明前茶」。正宗的「龍井蝦仁」就是使用「明前茶」來料理。

除了食材，這道美食也很講究烹調技藝，要能精準掌握火候和時間。蝦仁和龍井都要先做好處理；蝦仁要先放入一個碗裡，再倒入料酒、蔥蒜和蛋清，抓勻以後靜置至少二十分鐘，龍井茶則是泡好以後，將茶水與澱粉一起攪拌均勻。開始料理時，等油鍋一熱，要先放入蝦仁，快速翻炒，緊接著再加入茶水澱粉，炒到收汁就可出鍋。

把蝦仁和龍井炒在一起，只是一眨眼的工夫，就是動作要俐落。

拾叁 大煮干絲

如果某人有一項特別擅長的技能，我們會說這是他的「看家本領」。「大煮干絲」，看似好像沒什麼了不起，其中並沒有什麼多麼特別的食材，實際上卻是淮揚菜系裡的「看家菜」，被評價為是一道極能表現孔子所說「燴不厭細」精神的美食。淮揚菜是中國傳統四大菜系之一，發源於江蘇的揚州和淮安，「大煮干絲」正是揚州的傳統名菜。

說起這道菜誕生的背景，還是跟乾隆皇帝有關。據說也是有一回乾隆下江南時，來到揚州，當地官員為了取悅乾隆，特地重金禮聘了很多烹飪高手，每天都挖空心思、絞盡腦汁不斷變出一些新花樣，讓皇上來到揚州能夠吃好又玩好。

淮陽菜中本來就是豆腐製品的美食比較多。一天，有一個廚師上了一道「九絲湯」，是用豆腐干和雞絲燴煮而成，豆腐干切得極細，經過雞湯燴煮，匯入了各種鮮味，乾隆吃了以後非常滿意。不久，揚州很多飯店都鄭重推薦這道菜，「皇帝滿意」自然就是最好的口碑。

「九絲湯」就這樣成了淮陽菜系中很有分量的一道菜。完成於清朝中期的十卷烹飪書籍《調鼎集》，是廚師們寶貴經驗的集大成作品，裡頭就有關於「九絲湯」該如何料理的介紹。

「九絲湯」可以說是「大煮干絲」的前身。所謂「大煮」，就是放在很多水裡、在這道美食中是要放在去了油的雞湯裡去煮，湯要多，火要大，所以稱為「大煮」。

從「九絲湯」開始，這道美食有了很大的發展，佐料經常會依季節而有不同的變化，比方說，春季加入竹蟶（海產的貝類），夏季用脆鱔絲，秋季用蟹黃，冬季用野蔬，再搭配火腿、蝦仁、豌豆苗等配料，稱為「什錦干絲」，不過，干絲和雞絲永遠是主角。

干絲，就是豆腐干絲。這道美食對於刀工和火候的掌握有很嚴格的要求，而如何展現刀工，就在於要看豆腐干絲處理得怎麼樣。這裡頭有很大的學問。

首先，是在挑選豆腐干的時候就要很注意。在菜場裡一般有兩種豆腐干，一種是淡褐色的茶干，另一種是白色的香干，「大煮干絲」要選用香干來做。而在選購香干時，還要特別挑選那些形狀方整有彈性，色澤潔白微黃，聞起來只有豆香而無豆腥的香干。香干選得好，就成功了一大半，否則就算刀工再好也很難施展。

這些精挑細選的香干要切成薄片，在術語中叫做「片」。最好使用方的片刀，在刀上不妨先沾一點兒水，或是用棉紙蘸油把刀面擦勻，這樣就可以防止片出的香干薄片沾在刀面上，香干會破相，那樣就不好看了。這些都是多少廚師寶貴的經驗啊。

在片的時候還要把握好節奏，大師傅們往往都是右手執刀，將刀橫放，刀面朝上，接著就左手牢牢按住香干，右手將刀

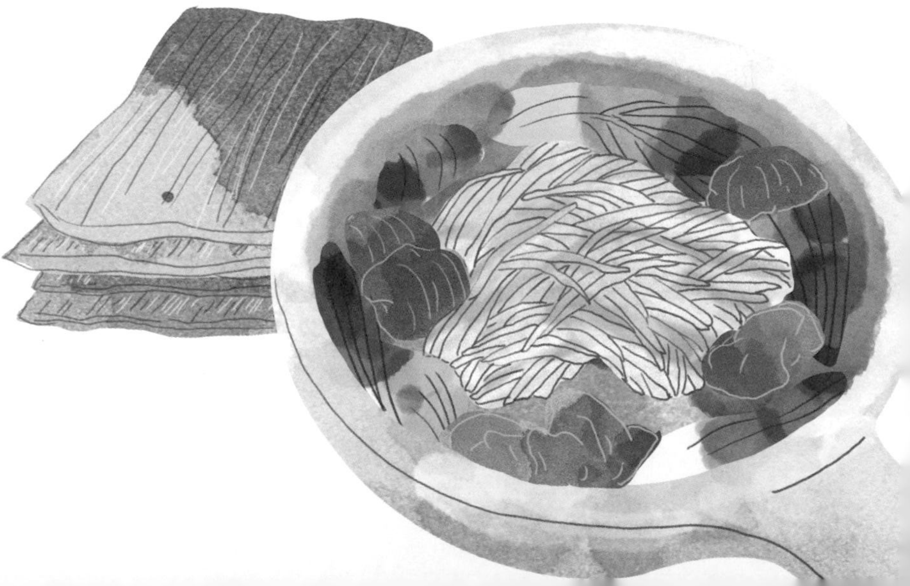

隨著砧板平行的角度切入香干，然後「哆哆哆哆」的一刀到底。一定要一氣呵成，一口氣就片出一堆，千萬不能拖泥帶水，慢吞吞的片一會兒、停一會兒、看一會兒，否則，愈是想要片得均勻，反而愈是容易片得厚薄不均。

這還沒完，將香干片好之後，還要將片好的香干疊在一起然後切成絲，當然也是要切得愈細愈好。

師傅們的刀工如何，從切香干這個步驟就可以得到充分的體現。刀工厲害的師傅，一片香干能夠切出一大堆的干絲來，這麼一來，一道「大煮干絲」其實只需要用到三四片香干也就夠了。

拾肆 西湖牛肉羹

在琳瑯滿目的中華美食裡，需要展現刀工的有很多，譬如即使是非常大眾化的西湖牛肉羹，其實原本也是一道需要講究刀工的美食。這是江南地區的特色名菜，屬於「杭幫菜」。

什麼是「杭幫菜」？這是浙江菜中一個重要的流派，與寧波菜、溫州菜、紹興菜共同構成傳統的浙江菜系，口味以鹹為主，略帶一點甜味，著重清淡。

我們不妨先把「羹」這個字解釋一下。這個字歷史悠久，所以我們會在語詞中見到，譬如「分我一杯羹」（分我一點兒好處）、「吃閉門羹」（主人拒絕讓客人進門）等等。

早期的「羹」是指帶汁的肉，並不是我們現在「湯」的概念；「羹」會開始被用來表示湯，還是中古以後的事。由於古人主要吃的肉是羊肉，所以「羹」其實是把「羔（有「小羊」之意）」和「美（美味）」兩個字連在一起，表示肉的味道很鮮美，然後漸漸才被用來表示，是將肉或菜調和五味做成的一種帶汁的食物。

這麼說吧，對於「湯」，我們最看重的是將食材（譬如雞、鴨、魚等等）煮過之後所得到的湯汁，煮任何湯、或是燉任何湯，重點都在於湯，而不是食材，至少也是以湯為主、食材為輔，可是對於「羹」呢？儘管「無湯不成羹」，意思是說如果沒有好的湯來打底，就做不出好的羹，以烹製「西湖牛肉羹」來說，就需要準備雞湯，可在羹裡頭，食材和湯的比例是很平均的，而且可以說二者是完全融為一體。此外，羹一般都比較黏稠，這是因為料理羹的時候一般都會勾芡。

「勾芡」也是中華料理中經常需要用到的技巧，就是將調好的澱粉汁淋入到菜裡頭。

現在我們再來介紹一下「西湖牛肉羹」裡頭需要展現的刀工。

在這道美食裡所用到的食材，包括牛肉、豆腐、香菇、香菜，都要切得很細很細，這樣才會呈現出特別的效果。比方說，如果能將香菇和香菜切得很細，它們就比較容易浮起來，有一種彷彿星星點點之感。

不過，也因為細、因為對刀工的要求，又引發了其他必須注意到的技巧。最顯著的一個例子，就是在將切得很細的牛肉粒焯水前，一定要記得先用涼水化開，這樣牛肉粒在焯水的時候才不會結成一團。

（「焯」，是略微一煮就馬上拿出來的意思。）

據說「西湖牛肉羹」的做法是源自民國初年。

有三個湖州人，結伴到杭州做生意，分別賣牛肉、雞蛋和薯粉。一天，他們在西湖邊遭到警察的驅趕，無奈之餘只好背起東西匆匆離開，走了一會兒，三個人肚子都餓了，便一起進了一家餐館，想要先吃飽了再說。

可是，坐定之後，三人都不

肯開口點菜，生怕誰先開口點菜，就會顯得一副像是要請客似的。餐館老闆看透了他們的心思，便提議不妨大家都拿出一點兒自己的貨，他願意幫忙加工料理成好吃的東西。

三人都欣然同意。於是，老闆就拿著他們提供的些許牛肉、雞蛋和薯粉進了廚房，先將牛肉和胡蘿蔔、香菇、青菜一起都切成很細很細的小丁，然後一起煮，最後再用雞蛋和薯粉來勾芡，果真就成了一道美食，後來就被稱做「西湖牛肉羹」。

這道美食，一方面經常會出現在宴席上，往往會提前上席讓大家潤喉開胃，另一方面也早就走入一般尋常百姓家，深受普通老百姓的喜愛，因為對大家來說，「西湖牛肉羹」料理起來並不難，頂多就是刀工不夠理想罷了，這也就是專業和業餘的差別吧。

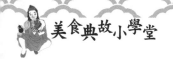

拾伍 冰糖蓮心羹

「蓮心」就是蓮子，是睡蓮科植物蓮的乾燥、成熟的種子，在中國南北各省都有，長久以來一直被視為一種中藥，據信食用之後會有諸多益處，包括補脾止瀉、養心安神等等。

除了蓮子，「冰糖蓮心羹」裡頭還有一樣重要的食材，那就是銀耳。看起來很像菊花或是雞冠的銀耳，又稱為白木耳、雪耳、銀耳子等，有著「菌中之冠」的美稱，是中國傳統的食用菌。

民間普遍都相信銀耳具有特殊的保健功能。在明清之際，天然品相好的銀耳，一直是皇家和達官貴人養生益壽的優良食品，普通人家是吃不起的。銀耳有多貴呢？清末一位女官（指高級的宮女）裕德齡（西元1886～1944年）留下了記載：「銀耳那樣的東西，它的市價貴極了，往往一小匣子銀耳就要花一二十兩銀子才能買到。」這是一個什麼樣的概念呢？有學者換算過，在清朝光緒年間，一兩銀子可以買到一百零七斤左右的糧食，或者三百多個雞蛋，所以「一二十兩銀子」可是一筆大錢哪。一直到現在，品質好的銀耳還是相當昂貴的。

或許正是因為銀耳是「冰糖蓮心羹」的主要食材，又是屬於高級食材（儘管這道美食的傳統名字裡沒有提到它），「冰糖蓮心羹」這道著名的甜品，一直被視為女性養顏美容的聖品，就連它的典故也是來自於「中國四大美人」之首的西施。

西施的出生年不詳，但一般還是認定確有其人，是生活在春秋末年的一個美人。西施與范蠡（西元前536～前448年）之間的愛情故事流傳很廣。范蠡是春秋末期傑出的政治家、軍事家、經濟學家和道家學者，一生最大的功績就是輔佐越王勾踐（約西元前520～前465年）復國。

其實史學家早就推斷兩人之間的愛情故事純屬子虛烏有，可是關於他們倆的民間傳說還是很多，包括在吳國被滅之後，范蠡自覺已經完成復國目標，並協助勾踐成就了霸業，便急流勇退，義無反顧的離開，還把西施也一起帶走了。這是關於西施幾個不同的結局當中，大家最願意相信的一個，顯然是大眾基於一種對西施的同情心理吧。

有關「冰糖蓮心羹」的典故裡，也有范蠡的身影。傳說是在范蠡剛剛招募了西施，從西施的故鄉苧蘿村（今浙江諸暨）出發，親自護送西施前往吳國的都城姑蘇（今江蘇蘇州）。途中當他們來到嘉興南湖（位於今浙江嘉興市城東南部）時，西施或許因為不習慣遠行，本身身子又比較嬌弱，就病倒了。范蠡見狀，只好命船隊先在此停泊，打算等到西施病好了以後再繼續前進。雖然美人就算病了還是很美，要不然怎麼會有「病西施」這樣的說法呢？可是當然還是送一個健康的美人去會比較好啊。

轉眼西施已經病了一個多月，還沒有康復，睡眠也愈來愈差，范蠡真是著急得很。這天，范蠡正在給西施餵藥（哇，親自餵藥），一個小丫頭採了幾枝蓮蓬回來，說她聽當地人講蓮心可以治姑娘的病。范蠡很是高興，馬上親自剝開蓮蓬，取出蓮心給西施吃（哇，又是親自），西施吃了以後，果然有所好轉，至少那天晚上就睡得比較好了（還記得嗎？我們在前面一開始就提到，民間向來相信吃了蓮心有助於養心安神，這樣自然就睡得好了）。

過了一兩天，又有人來向范蠡報告，說如果把蓮心煮成羹，加上冰糖，可以補脾養心，清熱瀉火，有利於西施姑娘盡快恢復身體。范蠡接受了這樣的建議，為西施煮了「冰糖蓮心羹」（這回故事裡沒有說是不是他親自去煮），西施就這樣每天早晚各喝一碗，沒過多久果然就完全康復了。

後來，「冰糖蓮心羹」慢慢有了一些改變，比方說，銀耳加入，成為其中重

要的食材，還有，有人發現加冰糖的效果不如加蜂蜜。也就是說，「冰糖蓮心羹」後來慢慢變成了「蜂蜜銀耳蓮心羹」。

拾陸 金絲蜜棗羹

宴席中總是大魚大肉，因此在宴席的尾聲經常都會上一道甜品，讓賓客解解油膩之感。有人說，好的甜品一上，還能大大提高宴席的等級。在江南的宴席中，「金絲蜜棗羹」經常擔任這樣壓軸的角色，這是浙江菜中一道代表性的甜品。

這道甜品中唯一主角就是金絲蜜棗，又稱京式蜜棗、北式蜜棗，與徽式（安徽的）和桂式（廣西的）蜜棗，合稱為「中國三大蜜棗」。金絲蜜棗呈琥珀色，因此又有金絲琥珀之稱。

相傳在明朝時期，浙江蘭溪出了一位尚書，名叫章懋（西元

1437～1522年）。一回，章懋將家鄉特產大青棗帶到京師，獻給世宗朱厚熜（西元1507～1567年）。「嘉靖」是明世宗的年號，所以世人經常都稱他為「嘉靖皇帝」。他即位不久，就進行了一系列糾正時弊的改革，被稱做「嘉靖新政」，在很大程度上緩和了當時已經緊張很久的社會矛盾。

世宗滿喜歡章懋所送的這些棗，直誇「好棗！好棗！」，還說如果能夠經常都吃得到就好了。也許世宗只是隨口一說，但是皇帝任何一句「隨口一說」，都會受到高度重視，周圍的人萬萬不可能只是隨便聽聽而已，於是，章懋立刻寫信回去，要求當地的棗農想想辦法，好讓皇帝能夠經常吃得到咱們的大青棗。

這可真是一道難題，因為大家都知道鮮棗不能久藏，從浙江蘭溪到京城順天府（今天的北京），那可是很遠很遠的啊。

順便一提，明朝開國時的京城是在應天府，也就是今天的南京，半個世紀後、西元一四二一年明成祖朱棣（西元1360～1424年）才把都城遷到北京，以南京應天府做為留都（遷都之後，原來的都城就叫做留都）。

後來，有一個棗農想到了一個辦法。不是要效法唐朝皇家快遞為楊貴妃送荔枝那樣的辦法，而是將棗子拿去加工，先將每一顆青棗都切上很多刀紋路，然後用棗花蜂蜜拌和，再入鍋煎煮，接著晾乾，製成了蜜棗，蜜棗就可以久藏了，什麼時候吃都可以了，而且如果用這種蜜棗熬成甜羹，味道也很不錯。

章懋趕緊獻上這樣的甜羹，結果，運氣很好，世宗很喜歡。這確實需要一點運氣，因為加工後的蜜棗和鮮棗已經是完全不同的東西，口感和風味都不一樣，喜歡吃鮮棗的人不一定會喜歡吃蜜棗，就像喜歡吃新鮮鳳梨的人，不一定會喜歡吃鳳梨罐頭裡的鳳梨一樣。

可是，世宗喝了蜜棗做成的甜羹之後，不僅很喜歡，還傳諭賜封蘭溪蜜棗為「冕棗」，將蜜棗熬製的甜羹叫做「金絲蜜棗羹」。為什麼叫做「金絲蜜棗」呢？這是因為一方面加工後的棗子、烘出來的棗子外皮是呈金黃色的，棗子表面又劃了密密麻麻的線狀，白色的糖附在棗子上面，看上去就像金絲猴的毛。

想出製成蜜棗這個辦法的棗農也得到了嘉獎。其實，光是「冕棗」這個稱號應該就是最大的獎賞了。「冕」在宋朝以後就專指皇帝的禮帽，「冕棗」就是為蘭溪蜜棗加冕的意思，讚美蘭溪蜜棗為棗中之王哪。

一直到現在，「劃棗」仍是整個蜜棗製作過程中很重要的一個步驟，「劃棗」是為了要讓糖分更容易滲入，類似做清蒸魚時要在魚身劃上幾刀一樣，只是一條魚的身上要劃幾刀沒有固定的規矩，但每顆棗子身上那些細細的紋路可是很有講究，要劃得很均勻，深淺也要很適當，還要非常平整，沒有斷絲，要嚴格遵守從一頭劃到另外一頭，不可以來回隨便亂劃，棗子的兩端要盡量劃到。

早期是靠人工來劃絲，一個手藝高超的棗農可以在一顆棗子上劃上一百多刀。後來，由於「劃棗」的工作需要非常精細，既美觀，做出來的蜜棗口感也更好，為了提高效率，漸漸就交由機器來代勞了。

此外，「金絲蜜棗羹」通常也會搭配一些像金橘脯、青梅、葡萄乾、薏米仁等配料，再用溼澱粉勾成薄羹，是很受歡迎的滋補保健美食。

在丁寶楨過世以後，被朝廷追贈「太子太保」。「太子太保」與「太子太師」、「太子太傅」同屬東宮官職（「東宮」本來是太子居住的地方，後來這個詞就被用來指太子），都是負責教導太子，統稱為「三師」，到了清朝，「太子太保」是從一品官，但是有銜無職，一般都是做為一種榮譽性的官銜給予重臣和近臣，死在任上的丁寶楨被授予「太子太保」，這是朝廷對他的肯定，由於這是東宮官職之一，於是人們就將「宮」與「保」合在一起，成了「宮保」，並且將這個詞放在丁寶楨那道私房菜上，這就是「宮保雞丁」。

由於這道菜太受歡迎，流傳太廣，在魯菜、川菜和貴州菜中都有收錄，只不過原料和做法多多少少都還是有些不同，比方說，川菜中的「宮保雞丁」，要用油酥花生米和乾辣椒節，辣椒節還要先炸香，突顯出辣味，而且因為用的是雞胸肉，雞胸肉比較不容易入味，所以在料理的時候也要先做一點處理，用刀背把雞胸肉拍打幾下，或者放入一個蛋白，這樣雞肉就會變得相當嫩滑。

魯菜版的「宮保雞丁」，更多的是採用雞腿肉，同時，除了花生米，往往還添加筍丁或者馬蹄丁，在料理的時候更注重急火爆炒，這樣可以更好的保留雞丁的鮮嫩。

貴州版的「宮保雞丁」則是在辣椒上比較特別，選用糍粑辣椒，所以在口感上是呈現出鹹辣中略帶酸甜的風味，這是與川菜版、魯菜版「宮保雞丁」最大的差異。

「宮保雞丁」後來還成了宮廷菜，並且走出國門，傳到了西方。一直到今天，西方各大城市的中國餐館裡頭幾乎都會有這道美食，若要論知名度，「宮保雞丁」在國際知名度的排行榜中肯定是名列前茅，只不過到了西方之後，不免會因地制宜做出一些調整，譬如沒那麼辣，或者用豬肉代替雞肉，成了「宮保肉丁」，或把酸度加重等等。這些西式的「宮保雞丁」，和丁寶楨當初的私房菜相較，其實已經相去甚遠了。

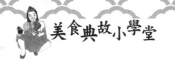

拾玖 素雞

素雞，這是一個看上去非常矛盾的菜名；因為裡頭有個雞字，雞肯定算是葷的，可是在雞的前面又加上一個「素」字，這是什麼意思呢？

這是一種傳統的豆製食品，原產於江蘇常州，論其起源據說可以上溯自南北朝的梁武帝蕭衍（西元464～549年）的時代，那就是至少也有一千四百多年以上的歷史了。

蕭衍是西漢相國、也是開國功臣蕭何（西元前257～前193年）的二十五世孫。他從小就很聰明，長大以後博學多才，在很年輕的時候就嶄露頭角，三十八歲那年（西元502年）建立南梁。在統治初期，蕭衍留心政務，對之前長久以來的種種社會弊端都有所糾正。

他在位長達四十八年，是南朝所有皇帝當中在位最久的一個。他也很長壽，是中國歷史上五位壽命超過八十歲的皇帝之一，不過他最後死得挺慘，在八十五歲高齡竟然是被活活餓死的。

蕭衍在位晚期，除了怠忽政事，還沉溺佛教，曾經三次出家，但是在封建時代，國家不可能一天沒有皇帝啊，為了把皇帝從廟裡給拉回來，大臣們只好忙著張羅大量金錢讓皇帝還俗，弄得疲於奔命。隨著政局愈來愈亂，最後戰亂爆發，蕭衍被困，得不到食物，終於就這樣被餓死了。

就是因為梁武帝蕭衍如此癡迷佛教，當時不僅南方的寺廟如雨後春筍般到處林立，對於素食烹飪的技藝也進步神速，其中一大特色便是素雞。據說最早是宮廷食品，御廚以此來替代肉食，深獲梁武帝的喜愛，後來在傳入民間之後也廣受歡迎，沒多久就成為大家飯桌上常見的美食，無論是在南方或是北方都可以看得到。

素雞最大的特點就是「以素仿葷」，要怎麼樣才能做到這一點呢？

最關鍵的就是材料。素雞是以百頁做為主料。「百頁」這個叫法多見於江蘇地區，同樣的東西在北方地區稱做「乾豆腐」，在江西、安徽地區稱做「千張」，在湖南岳陽稱做「千漿皮子」。把百頁捲成圓棍形，捆緊了以後煮熟，然後切片，再過油，接著加入調料炒製，就大功告成，菜色暗紅，看上去很像雞肉，做得好甚至連口感也會頗像雞肉，軟中有韌，是一種鹹鮮味，味美醇香。

後來，除了素雞，也有人會刻意把百頁做成魚的形狀，或是蝦的形狀，就叫做素魚、素蝦，不過還是以素雞最具代表性。

此外，百頁的做法挺特別，充分表現出古人的巧思。這是把濃豆漿倒入平底鍋中拿去加熱，注意千萬不要煮沸，這樣過了一會兒，鍋裡豆漿的表層就會產生一層皮膜，此時就可以用竹籤之類的工具把這層皮膜小心的撈出來，讓它慢慢的乾燥，乾燥之後就是我們所要的東西了。

第一層皮膜撈出來之後，沒一會兒鍋裡的豆漿又會再次產生相同的皮膜，那就繼續將皮膜撈出來……在如此反覆的過程中，鍋裡豆漿的濃度會逐漸稀薄，要注意適當的補充。

只要百頁做得好，素雞的主要食材就沒問題，剩下的就是如何掌握好調味料的拿捏了。

貳拾 無錫排骨

「無錫排骨」的名氣很大，特點是「油而不膩，酥軟香甜，鹹甜調和，肉美汁鮮」，是江蘇省無錫地區的特色傳統名菜之一，傳統名稱叫做「無錫肉骨頭」。

「肉骨頭」這個詞，有一個故事，與南宋高僧濟公有關。

關於濟公的民間故事很多，在這些故事中總是把他描述得很神，以至於很多人都懷疑，這會不會只是一個虛構的人物，事實上，一般認定濟公還是真實存在過，生於西元一一四八年，圓寂於西元一二〇九年，原名李修緣，法名道濟。

濟公是一個很特別的和尚。他學問淵博，但不修邊幅，總是一身破帽、破衣、破鞋外加一把破扇，衣服還常常穿得亂七八糟，老給人一種衣衫不整的感覺，這是他的標準造型；他喜歡雲遊四方，熱衷於行善積德，經常路見不平就毫不猶豫的出手相助，再加上他懂中醫，一路治癒了不少百姓；他是一個非典型的僧人，性格率真，不遵守清規戒律，居然喜歡酒肉，舉止頗為癲狂，所以又被稱為濟癲和尚。

相傳有一天傍晚，濟公來到無錫城裡一家熟食店，店主正要準備打烊，看他的模樣那麼淒慘，就好心給他一大塊熟肉，濟公立刻老實不客氣的接下，而且三兩下就吃個精光。這還不打緊，吃完了他居然還開口跟老闆要第二塊。老闆愣了一下，但還是給了。可是過了沒一會兒，等到濟公啃完了第二塊，又來要第三塊的時候，老闆不樂意了，對濟公抱怨道：「肉都被你給吃光了，那我明天賣什麼呀！」

濟公一聽，居然嬉皮笑臉的說：「沒有肉，就賣肉骨頭吧！」

說罷，就從自己的破蒲扇上扯下幾根蒲筋，把自己剛才啃過的肉骨頭包起來，然後交給店主，「喏，拿去煮吧，吃過的肉還給你就是了。」

老闆覺得他的言行很荒唐，可是看他的樣子似乎又不像是在開玩笑，一時也不

知道該說什麼才好，就這麼接下了，就順手放在廚房裡。

第二天，老闆一早起來，聞到一股特別誘人的香氣，趕快跑到廚房一看，大吃一驚，只見灶臺上居然有滿滿一鍋帶著精肉的骨頭，正在咕嚕咕嚕的煮著哪！老闆恍然大悟，原來昨天那個瘋瘋癲癲的怪和尚有法術！原來他吃過的肉真的都還給我了！而且好像還更香！

（只是……會不會不太衛生？）

緊接著，老闆竟然還敢將鍋裡的肉骨頭取出來一嘗，這一嘗——哎呦！肉質酥爛，鮮香無比，真是人間美味啊！

很快的，左右芳鄰得知這件奇事，也都紛紛過來湊熱鬧，而且爭相好奇的品嘗，結果人人都大聲叫好，吃了還想再吃。

「肉骨頭」之名，由此而來。從此，這家肉鋪就開始經營起肉骨頭的生意，很受歡迎。而一見肉骨頭受歡迎，當然也就引起其他商家紛紛仿效。

到了清朝光緒初年，無錫城裡很多飲食店都有賣肉骨頭，彼此之間的競爭相當激烈。原本比較受歡迎的是無錫城南門附近一家肉店所出售的醬排骨，後來三鳳橋附近一家肉店改進了配料和調味之後，後來居上，到了清末終於成為人們心目中最正宗的無錫肉骨頭。

至於「無錫排骨」這個名字其實使用的時間並不算久，是在二十世紀八〇年代因為開始出現了真空包裝的產品，為了便於推廣，商家才將「無錫肉骨頭」更名為「無錫排骨」。說「排骨」其實很貼切，因為這道美食本來就是選取豬肋排來做為原料。

貳拾壹 瓦罐雞湯

考古學家從西漢長沙王的墓中出土了一千多片竹簡（別忘了紙是要到東漢才會被發明出來，西漢時代仍然是用竹簡來記事），其中《美食方》上有一些菜譜的記載，裡頭有一道「瓦罐雞湯」。說起這道美食，來頭可不小，據說是與秦始皇有關。誕生在秦朝的美食，被西漢人記載下來是很合情合理的。

秦始皇在西元前二二一年統一六國之後，翌年就開始下令修築以咸陽為中心、通往全國各地的「馳道」，這是中國歷史上最早的「國道」，相當於今天高速公路概念的快捷道路。為了「示疆威，服海內」，秦始皇先後五次巡視全國（後來也死在巡遊的路上），在超過兩千年以前，他的足跡所致，北到今天的秦皇島，南到江浙、湖北、湖南地區，東到山東沿海，著實驚人，他並且在泰山等地留下刻石，表彰自己的功德。

一次，秦始皇準備到過去的楚境一遊。在戰國七雄的時代，領土面積最大的就是楚國，楚國最早興起於漢江流域一帶，涵蓋了今天的湖北、湖南等地，幅員遼闊，是六國當中第四個被秦所滅掉的國家。自從一聽說始皇帝要來，地方官員們都誠惶誠恐，生怕招待不好始皇帝。

負責要為始皇帝到來時準備美食的主廚，他的家鄉是今天湖南省邵陽，位於湖南中部偏西南。邵陽歷史悠久，早在距今三千多年前的商代就已經有人在此居住，在秦朝是分屬於長沙郡和黔中郡。這個廚子想著，不妨讓家鄉的瓦罐來發揮一下吧，於是就找來一個特製的大瓦罐，裡頭放有炭火，再把一個裝有雞肉、魚、野山菌等佐料的小瓦罐放進大瓦罐之中，先用小火煨了一天一夜，等到始皇帝駕到的時候，再用文火煨成湯。由於瓦罐受熱均勻，主要食材老母雞經過長時間的小火煨製，「骨酥肉嫩，湯汁稠濃，味道鮮美」。

秦始皇對這道美食大加讚美，命以後都要以此為貢品，回到都城以後，還讓御廚仿作，「瓦罐雞湯」就這樣成為宮中一道美食。

之後，秦朝雖然只有十四年就亡了，並沒能像秦始皇所期盼的那樣傳之千秋萬世，但是「瓦罐雞湯」卻一直流傳了下來，我們至今都還可以吃得到。

今天，儘管不只湖南有「瓦罐雞湯」，江西等地也有類似的做法，江西瓦罐湯的種類還很多，光是大的系列就有五種，分別為排骨湯系列、肉餅湯系列、雞湯系列、養生湯系列和滋補湯系列，但只要一說起「瓦罐雞湯」，一般都還是會歸之於楚菜。

楚菜，原稱鄂菜，也稱湖北菜（「鄂」就是湖北的簡稱），在古代是稱做荊菜，起源於江漢平原。早在兩千多年以前，屈原（約西元前340～前278年）《楚辭》的〈招魂〉和〈大招〉兩篇中，就記載了楚國王宮宴席的二十多道美食，都是楚地名食，這是中國有文字記載的最早的宮廷宴席菜單，再加上現代考古學家所出土的一百多件春秋戰國時期的飲食器具，可以證明楚菜是起源於春秋戰國時期，「瓦罐雞湯」一定就是其中之一。楚菜經過漢魏唐宋以來的發展，在明清時期臻於成熟。

貳拾貳　徽州臭鱖魚

鱖魚，又名鰲花魚，亦作桂魚，肉質細嫩，刺少而肉多，是中國「四大淡水名魚」之一，是一種比較昂貴的魚，過去一般老百姓是很難消費得起的，在頗長的一段時間裡，每斤鱖魚的售價幾乎都是鯉魚的兩倍。

徽州臭鱖魚，俗名「臭鱖魚」，是徽州水產類的傳統名菜，製作方法頗為獨特。相傳在兩百多年以前（清朝末年），沿江一帶的貴池、銅陵等地的魚販，在每年入冬時都會將長江名貴水產鱖魚用木桶裝運至徽州山區出售，途中為了防止鮮魚變質，每一層魚就撒一層淡

鹽水，並且經常上下翻動。靠著這樣的辦法，耗時七八天抵達目的地時，這些鱖魚的魚鰓居然還是紅色，魚鱗也沒脫落，總之就是品質還是好的，只是表皮會散發出一種似臭非臭的特殊氣味，可是等到洗淨以後用熱油稍微一煎，就會很神奇的非但沒有臭味，反而鮮香無比，於是，「臭鱖魚」就這樣成為一道別具特色的美食流傳了下來。

那麼，最初魚販是怎麼想到那樣把魚兒保鮮的辦法呢？有這麼一個故事，故事中有一個酷吏，還有一個急中生智的衙役。

據說，在清朝末年，徽州府調來一個酷吏，此人嗜魚成性，尤其愛吃新鮮的鱖魚，這就整死了他的手下，因為徽州境內都是山，想吃新鮮鱖魚得從沿江的貴池、銅陵等地運來，一趟至少要六七天，當時又沒有現在普遍的保鮮設備，魚兒怎麼可能撐得了這麼久？天氣熱的時候是絕無可能，只有在氣候轉涼的時候拚著老命試試，或許還有一點希望。

這年，一個衙役看天氣涼了，趕緊僱了幾個挑夫趕到江邊去為知府大人收購活鱖魚，買好之後就火速往回趕。沒想到在半途中，氣溫忽然回升，衙役急得要命，可無論怎麼死趕活趕、日夜兼程的趕，還是眼睜睜的看著很多鱖魚陸續完蛋，衙役心想，照這個情況，還沒到家，魚兒恐怕就已經全部都死光了，那拿什麼跟大人交差？

他想了一想，心生一計，交代挑夫趕快把那些死魚稍事處理，然後在魚的身上抹上食鹽殺殺臭味。在即將抵達徽州的時候，他們途經一家飯店，衙役拿幾條用鹽醃過的鱖魚給廚師，讓廚師煮了，看看味道如何。沒想到，當這些鱖魚上桌之後，眾人品嘗，一致認為雖然和鮮魚料理的感覺不同，倒也別有一番滋味，不壞。

衙役很滿意，現在他可以繼續實施自己的計畫了。

不久，他們回到了徽州。一到徽州，衙役不像往常那樣急著回去向知府大人覆命，而是在大街上找到一家熟識的飯店，拿出一部分醃製過的鱖魚讓廚師料理，並且在飯店門口掛出一個大橫幅，上面寫著：「徽菜珍品風味鱖魚應市，免費品嘗！」

很快的，很多人看到橫幅，立刻蜂擁而至，品嘗的結果也很好，大家都對這道沒吃過的似臭非臭的鱖魚大為誇讚。有了這麼多人的口碑，稍後當衙役帶著「好不容易才搶到的」臭鱖魚回去，送到知府大人的面前，知府好奇的一嘗，覺得這樣的做法很新鮮，高興之餘也就不再追問鮮魚的事了。

今天的「徽州臭鱖魚」當然都是用新鮮的鱖魚來料理，不過這道美食最重要的一個步驟仍然是醃製，要將新鮮的鱖魚醃製後放在攝氏二十五度左右的環境中，經過六七天，待魚發出那股獨特的「似臭非臭」的味道時，再正式開始準備下鍋。

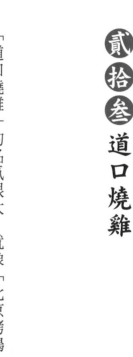

貳拾叁 道口燒雞

「道口燒雞」的名氣很大。就像「北京烤鴨」、「無錫排骨」、「金華火腿」等等一樣，「道口」也是一個地名，是表示道口鎮，今天的道口鎮隸屬於河南省安陽市滑縣，所以「道口燒雞」是屬於豫菜系（「豫」是河南的簡稱）。

「燒雞」其實是中華料理中的一種烹飪方式，一般是先將塗過飴糖的雞拿去油炸，再用加了香料的鹵水煮製而成。這樣的做法，具有肉鮮味美、肥而不膩以及爛而不散的特點。在燒雞中，以道口這裡所做的燒雞（精確來講是位於道口鎮的一家燒雞店）最為有名，所以漸漸就成了燒雞的代名詞，只要一講起燒雞，大家幾乎都會立刻聯想到「道口燒雞」。

關於這家燒雞店的發家史，有很清楚的文字記載。最早是創始於清順治十八年（西元1661年），那就是距今已經三個半世紀，但是根據當地縣志的記載，在開始的一百多年的時間裡，由於技術條件不佳，食品也未具特色，所以生意並不興隆。（生意並不興隆還可以做一百多年，真厲害啊。）

轉折點是在乾隆五十二年（西元1787年）。當時這家燒雞店的老闆名叫張炳，有一天在街上偶遇一個老友，這個老友名叫劉義，曾經在清宮做過御廚，稍後兩人在閒談間，張炳向老友請教燒雞到底該怎麼做才會比較好吃？面對老友的疑惑與苦惱，劉義便大方傳授老友一個祕訣，那就是五個字——「八料加老湯」。

所謂「八料」，就是肉桂、陳皮、豆蔻、良薑、砂仁、丁香、草果和白芷，「老湯」則是指煮雞的陳湯，意思就是說，每煮一鍋雞，就要加進第一鍋的一點湯，如此一直繼續下去，湯頭愈老愈好。

獲得堂堂御廚的寶貴經驗之後，張炳如獲至寶，回去以後多次嘗試，做出來的燒雞品質在各方面果然都比過去要提升很多，生意馬上就好起來了。於是，他把自己的店定名為「義興張」，從自己和老友的名字中各取一個字——「張」和「義」，然後把「義」放在前面，「義興張」就是「義友濟興」之意，表示「多麼有義氣的老友劉義來幫助我生意興隆了」。真是一個很有人情味的店名，也說明了張炳是一個不忘本、懂得感恩的好人。

「義興張道口燒雞」的名聲就這樣愈來愈響，也傳得愈來愈遠，後來就被大家簡稱為「道口燒雞」。「道口燒雞」有很多特點，包括造型美觀，香爛可口，一抖即散，而且還可以久放不腐，並始終維持著一股令人垂涎欲滴的芳香。

在嘉慶年間，一次仁宗（西元1760～1820年）南巡，途經道口鎮，知縣特意將「義興張道口燒雞」獻上，仁宗吃了以後也讚不絕口，誇獎它真是「色、香、味三絕」，從此「道口燒雞」就成了清王室的貢品，每年都會有大量好吃的燒雞送往京城。

張炳的子孫世世代代都繼承和發展了祖傳技藝，使得改良過的「道口燒雞」歷經一百多年，一直都能保持張炳時代的獨特風味，也真的是難能可貴。

讀後活動

字字玄機

【名人飲食篇】

請根據提示，將正確的語詞填入空格中，動動你的腦，一起參加這一場挑戰吧！

提示：

直行

1. 古代行軍作戰的一種陣法，由諸葛亮加以推演及變化而成。
2. 選用伢雞加上中藥、名酒滷煮燜製的一道美食，有著「肉爛骨酥」的口感。
3. 唐朝女皇的食療補湯，專治咳嗽。將藥材塞進鴨子腹中燉製而成。
4. 清代小說家曹雪芹的私門偏方，可緩解身體不適。
5. 四川名菜。詩人杜甫因陶淵明作品〈五柳先生傳〉引發靈感而命名。
6. 北宋理學家周敦頤寫的一篇散文，頌揚他喜歡的植物。
7. 江南宴席中的代表性甜品，將棗子加工熬煮而成。
8. 孔子對於飲食的看法，下一句是「膾不厭細」。
9. 諸葛亮的發明，便於在崎嶇山路上運輸糧食的工具。
10. 中國歷史上唯一的一位女皇帝。

橫行

一、中國四大名著之一《紅樓夢》的作者。

二、中國最早的臨床醫書，唐朝醫藥學家孫思邈的著作。

三、江蘇傳統名菜，相傳最早是乞丐做出來的，外層包著黃泥。

四、以蓮子、銀耳燉成的甜品，典故源於四大美人之一的西施。

五、孔府名菜，以道教神話故事命名。需要九種高級食材，以拼盤形式呈現。

六、出自於《史記》，意思是人民以糧食為自己生活之所繫。

七、稀有的真菌植物，寄生在蝙蝠蛾科的幼蟲身體中成長，可製成藥材。

八、中國北方名菜，選用優質鴨肉以果木炭火烤製，片下來後以薄餅捲著食用。

九、四川達州傳統美食，以肉切得極薄、可透光為最大賣點。

十、古代「十大名劍」之一，小巧而柔韌。據說是春秋戰國時期歐冶子的傑作。

■	■	2 一		4	■	■	■	二	7		方
■	■		■		■	■	■	■		■	■
三		雞	■		■	■	■	■		■	■
■	■	■	■	法	■	■	6	■	棗	■	■
■	■	■	■	■	四	糖				■	■
■	■	■	■	■	■	■	說	■	■	■	10
1 五				鬧			■	■	■	■	
	■	■	■	■	■	■	六		8	為	
圖	■	■	■	■	■	■	■	■		■	■
■	■	七	3		草	■	■	■	厭	■	■
■	■	■		■	■	■	■	■		■	■
■	■	■		■	■	■	■	■	■	9	■
八 北				■	5 五	■	■	九	影		
■	■	■	湯	■		■	■	■	■		■
■	■	■	■	■	十		劍	■	■	馬	■

【解答】

		2一 曹	雪	4 芹				二 千	7 金	要	方
		操		菜					絲		
三 叫	花	雞		療					蜜		
				法			6 愛		棗		
					四 冰	糖	蓮	心	羹		
							說				10 武
1五 八	仙	過	海	鬧	羅	漢					則
陣							六 民	以	8 食	為	天
圖									不		
		七 冬	3 蟲	夏	草				厭		
			草						精		
			老							9 木	
八 北	京	烤	鴨		5 五			九 燈	影	牛	肉
			湯		柳					流	
					十 魚	腸	劍			馬	

國家圖書館出版品預行編目資料

歷代名人請上菜／管家琪文；
尤淑瑜圖. - 初版 . --臺北市：幼獅, 2021.08
面； 公分. --（故事館；81）

ISBN 978-986-449-237-4（平裝）

538.782 110009241

故事館081
歷代名人請上菜

作　　者＝管家琪
繪　　者＝尤淑瑜
出 版 者＝幼獅文化事業股份有限公司
發 行 人＝李鍾桂
總 經 理＝王華金
總 編 輯＝林碧琪
主　　編＝沈怡汝
特約編輯＝陳秀琴
美術編輯＝游巧鈴
總 公 司＝10045臺北市重慶南路1段66-1號3樓
電　　話＝(02)2311-2832
傳　　真＝(02)2311-5368
郵政劃撥＝00033368

印　刷＝崇寶彩藝印刷股份有限公司
定　價＝310元
港　幣＝103元
初　版＝2021.08
書　號＝984254

幼獅樂讀網
http://www.youth.com.tw
e-mail:customer@youth.com.tw
幼獅購物網
http://shopping.youth.com.tw/

行政院新聞局核准登記證局版臺業字第0143號